rhwng dau feddwl

christine james

© 2024 Christine James / Cyhoeddiadau Barddas ©

Argraffiad cyntaf: 2024

ISBN: 978-1-911584-87-2

Cedwir pob hawl. Ni chaniateir atgynhyrchu unrhyw ran o'r cyhoeddiad hwn na'i gadw mewn cyfundrefn adferadwy na'i drosglwyddo mewn unrhyw ddull na thrwy unrhyw gyfrwng electronig, tâp magnetig, mecanyddol, ffotocopïo, recordio, nac fel arall, heb ganiatâd ymlaen llaw gan y cyhoeddwr.

Cyhoeddwyd gyda chymorth ariannol Cyngor Llyfrau Cymru.

Cyhoeddwyd gan Gyhoeddiadau Barddas.

www.barddas.cymru

Dylunio a chysodi: Rebecca Ingleby Davies.

Celf clawr: Hywel Harries.

Argraffwyd gan Gomer.

i'm hwyrion
Trystan Marc, Steffan Teilo,
Ania Lili, Elsi Arwen a Moli Necia

cynnwys

rhagair 11

cwlwm perthyn
    chwilio (dilyniant o bedair cerdd)
        Moli'n cwato 17
        Mam 18
        Mam ar goll 19
        'Ble mae dy fami di?' 20
    ffenest
        Mair o'r ffenest 21
        Mam o'r ffynnon 22
    n'ad fi'n ango' 24
    gweddi: i Steffan (ac er cof serchus am Mr Llew) 26
    dracoraptor: Steffasawrws 29
    o ffwrnais awen 30
    llawenydd seinio 'll' 32
    'T.G.' 34
    stydi 35
    gwaddol 38
    stryd 39
    'nôl i'r cwm: cân 40
    anthem 41

lliw a llun
    yn Eglwys Llanilltud Fawr 45
    cragen 48
    blodau'r haul 50
    cwrdd gweddi Zoom 53
    siopa yn y Normal Newydd 54
    p 56
    cyfrinach 58

Patagonia
 llun darogan   63
 tri bedd Catherine   65
 Mimosa – 1   67
 Mimosa – 2   68
 Mimosa – 3   69
 gobaith   70
 pengwin prysur   71

yn Sain Ffagan
 adfail   75
 yr aelwyd hon   76
 ar encil   78
 'rydych chi yma': ddydd Calan yn Sain Ffagan   80
 cwpwrdd cysur   82
 litani ar gyfer Dygwyl Deilo, 9 Chwefror 1520 … a 2020   84
 lle i bob amcan dan y nefoedd   85
 criafolen: ger tŷ coch Kennixton   86
 ymerodraeth   88
 cymen   90
 (sg)rap   91

cofio a chyfarch
 baled Ynys Llanddwyn   95
 pacio   98
 comisiwn   100
 dau dŷ ar lannau Tawe   102
 mangoed   104
 Tafwyl   105
 ar Sul y Cofio 2016   106
 cadair   108
 cyfnewidfa   110
 rhuad y ddraig: cân   111

Nadolig a'r Calan
    Nadolig go-iawn   117
    pacio: 2020   118
    ar ddiwedd 2020 ...   119
    dauwynebog   120
    tyst   122
    carol y Ffordd   124
    carol y Saer a'r Pren   126
    carol y gwahoddiad   128

nodiadau ar y cerddi   133

cydnabyddiaethau: lluniau   150

rhagair

Roeddwn wedi penderfynu ar y teitl ar gyfer y gyfrol hon ymhell cyn ei bod yn barod – yn wir, ymhell cyn imi benderfynu fy mod i am gyhoeddi'r casgliad hwn o gerddi o gwbl! Oherwydd mae llunio cerdd yn un peth; mater arall yw ei dangos i rywun arall, heb sôn am ei chyhoeddi. Fel y dywedodd y diweddar Dafydd Rowlands mor gofiadwy o feiddgar: wrth ddangos cerdd i berson arall, mae bardd fel petai'n gwneud y *strip tease*. Ac roeddwn rhwng dau feddwl, wir, a oeddwn am fentro dangos y rhain ar goedd, yn arbennig y cerddi mwyaf personol.

Ond mae'r ymadrodd 'rhwng dau feddwl' yn un hynod o addas wrth drafod barddoniaeth yn gyffredinol hefyd, a hynny am ddau reswm. Yn gyntaf, oherwydd – wedi cymryd y cam o benderfynu eu rhannu ag eraill – onid gobaith pob bardd yw y bydd y cyffro creadigol hwnnw sydd yn ei feddwl, yr hyn a alwn yn 'awen', yn cael ei drosglwyddo, rywsut, trwy'r cerddi, i feddwl y darllenydd neu'r gwrandäwr, fel bod y gwaith ei hunan yn teithio'n llythrennol rhwng dau feddwl? Ac yn ail, un o nodau amgen barddoniaeth, i'm meddwl i, yw'r elfen honno o amwysedd sydd mor aml yn bresennol mewn gair a delwedd, a hynny'n golygu bod dwy ystyr – dau feddwl – ar waith ar yr un pryd, a'r tensiwn rhyngddynt yn rhan o'r hyn sy'n gwneud y darn gwaith yn gerdd, ac ar ben hynny, ei wneud yn ddyfnach ac yn gyfoethocach na'r hyn sydd ar yr wyneb yn unig.

Cynnyrch y deng mlynedd rhwng 2014 a chanol 2024 sydd rhwng cloriau'r gyfrol hon yn bennaf (er bod yma ambell gerdd hŷn na hynny), ac mae'r cerddi'n adlewyrchu sawl cyfnod a digwyddiad, nid yn unig yn fy mywyd personol i ond hefyd yn fwy cyffredinol yn ystod y degawd hwnnw. Bûm mewn cynadleddau academaidd mewn nifer o wledydd tramor, gan gynnwys ym Mhrifysgol Harvard ym Massachusetts, a chefais y fraint hefyd o gynrychioli'r Orsedd ym Mhatagonia yn 2015, adeg dathlu'r 150 mlynedd ers i'r *Mimosa* gludo'r fintai gyntaf o Gymry dros yr Iwerydd i ymsefydlu yno; mae'r teithiau hynny nid yn unig wedi esgor yn uniongyrchol ar sawl cerdd, ond buont hefyd yn fodd imi weld Cymru'n well.

Yn nes adref, bûm mewn amryw o amgueddfeydd a llyfrgelloedd ac orielau yng Nghymru a Lloegr, a chael deunydd cerdd yn y pethau mwyaf annisgwyl weithiau. Bu newidiadau mawr yn fy nheulu yn ystod y deng mlynedd diwethaf – y lleddf a'r llon: tristwch colli Mam wedi cyfnod estynedig o ddirywiad yn ei hiechyd, ond hefyd y llawenydd o gael croesawu a charu sawl ŵyr bach newydd, ac mae'r digwyddiadau hyn oll wedi hawlio eu lle yng ngherddi'r gyfrol. Mynnodd Covid-19 ei ffordd i'r tudalennau hyn, hefyd, ond nid yn gwbl ddiobaith ychwaith. A'r gobaith pennaf sydd yma yw hwnnw sydd yn neges oesol y Nadolig, ac rwy'n tynnu'r gyfrol i ben ag ambell gerdd a charol newydd ar y thema honno. Oes, mae yma rychwant o bynciau a themâu a phrofiadau, a'm gobaith didwyll yw y bydd o leiaf ambell beth yn taro tant ym meddwl – ac yng nghalon – y sawl sy'n darllen fy ngwaith. Mentrais gynnwys adran o nodiadau yng nghefn y gyfrol, nid i arwain meddwl y darllenwyr yn gymaint ag i roi iddynt ryw amcan o gefndir neu fan cychwyn y cerddi, gan obeithio y bydd hynny'n ychwanegu at eu mwynhad wrth ddarllen.

Wrth ollwng y gyfrol hon i'w hargraffu o'r diwedd, rhaid cydnabod rhan sawl un arall ar y daith. Ymddangosodd rhai o'r cerddi hyn o'r blaen: yn *Barddas*; *Cyfansoddiadau Eisteddfod AmGen 2020*; *Pigion Beirdd y Mis* BBC Radio Cymru; *Y Cylchgrawn Efengylaidd*; ac mewn sawl un o'r blodeugerddi hardd a ymddangosodd dan wasgnod Cyhoeddiadau Barddas yn ystod y blynyddoedd diwethaf. Mawr yw fy niolch i'r sawl a gomisiynodd y cerddi hynny ac i olygyddion y gwahanol gyhoeddiadau am weld yn dda i gyhoeddi fy ngwaith. Carwn ddiolch yn ddiffuant i Gyhoeddiadau Barddas am gyhoeddi'r gyfrol hon, ac i Bethany Celyn, Golygydd Creadigol Barddas, am ei harweiniad craff a'i brwdfrydedd heintus; i Huw Meirion Edwards am ei waith gofalus, ac i'r dylunydd, Rebecca Ingleby Davies, am roi ffurf derfynol ar y tudalennau.

Ymateb i lun (neu wrthrych gweledol arall) yw man cychwyn nifer o'm cerddi dros y blynyddoedd, ac roedd yn bwysig felly fy mod yn cynnwys y lluniau hynny yn y gyfrol hon, fel yn fy nghasgliad blaenorol, *rhwng y llinellau* (2013), i gyd-fynd â'r cerddi lle bynnag yr oedd hynny'n bosibl. Rwy'n ddiolchgar i berchnogion hawlfraint y lluniau am eu caniatâd i'w cynnwys yma ac i Bethany Celyn a Rebecca Ingleby Davies am eu gwaith gweinyddu a dylunio yn y cyd-destun hwnnw. Mawr ddiolch hefyd i'r cyfansoddwyr a luniodd donau i'w priodi â geiriau'r caneuon sydd yn y gyfrol hon.

Carwn hefyd gydnabod yn ddiolchgar y gefnogaeth ariannol a dderbyniais gan Lenyddiaeth Cymru ar ffurf Ysgoloriaeth Awdur, a'm rhyddhaodd o'm gwaith ym Mhrifysgol Abertawe am gyfnodau er mwyn canolbwyntio ar y gwaith ysgrifennu, a diolch yn ogystal i'm cyfeillion o gyd-weithwyr yn Adran y Gymraeg a ysgwyddodd gyfrifoldebau ychwanegol mor ddirwgnach yn sgil hynny.

Ar lefel bersonol, braint yw diolch i'm gŵr Wyn am ei gefnogaeth gyson a diamod, hyd yn oed pan fydd yr awen yn hen beth pigog (sy'n digwydd yn reit aml). I'm plant – Eleri a Jon, Emyr a Catrin, ac Owain ac Elizabeth – rwy'n diolch am eu dawn i gadw fy nhraed ar y ddaear bob amser. Yn olaf ac yn bennaf, rwy'n diolch i'm hwyrion – Trystan Marc, Steffan Teilo, Ania Lili, Elsi Arwen a Moli Necia – am y pleser o gael eu cwmni'n gyson. Iddynt hwy ill pump rwy'n cyflwyno'r gyfrol hon.

Christine James

cwlwm perthyn

chwilio (dilyniant o bedair cerdd)

Moli'n cwato

Gwn o'r gorau, cyn dechrau cyfri,
lle caf i di'n cwato:
tu ôl i'r soffa
yn dy 'ogof' deirblwydd,
neu efallai'r tro hwn
yn lwmpyn rhwydd o amlwg
dan flanced ar lin dy dad-cu.

Gallaf glywed y giglan,
dy biffian chwerthin,
ond daw'r 'BŴ!' mawr
wrth dy ffindo
yn sioc bob tro i ni'n dwy.

* * *

Mam

Mae pethau'n dechrau chwarae mig â Mam,
yn symud o'u lle, yn gwrthod
cael eu canfod.

Dyw'r ffôn ddim yn ei grud,
na'i ffon ar bwys y drws,
ac i ble'n y byd aeth ei sbectol?
Am declyn y teledu, peidiwch holi –
mae wedi diflannu'n llwyr ...

Wrth iddi hwyrhau, mae'n anghofio
am y chwilio, ac yn ffwdanu
ei ffordd trwy'r ffrij am damaid i'w the,
yn shyfflan cynnwys y silffoedd –
ac wele'r ffôn yn eiste'n dwt
tu ôl i becyn hanner pwys o gaws
(a hwnnw wedi llwydo'n dost).

Mae'n synnu pan gaf i hyd i'w sbectol
dan y sinc, a llwyddo
i dynnu teclyn y teledu
o ddyfnder cefn y soffa.
Ond dal i gwato'n benderfynol
mae ei ffon –
er imi gyfri'n dawel i ddeg ar ôl deg;
ac wrth gael fy hebrwng
at y drws, a ffarwelio,
teimlaf ei phwysau arna' i'n drwm.

      * * *

Mam ar goll

Mae Mam ar goll.

Dyw hi ddim yn pegio ma's
ei balchder llond y lein
o ddillad glân ar fore braf,
nac yn gweithio batsh
o bice bach i de;
segur yw ei gweill, a'i gwlân
ar lawr, a gallaf weld
na fu fawr o fynd ers sbel
ar y posau croes.

O'i chael hi eto – o flaen y bocs
neu yn y gwely ganol pnawn –
mae'n ceisio esgusodion parod
am bob segurdod;
ond poen calon i mi bellach
yw canfod Mam
yn ddieithryn cyson
yn ei chroen ei hun.

    * * *

'Ble mae dy fami di?'

Dere, Moli, dal fy llaw yn dynn
a dangosaf i ti ble i ffindo Nana.

Mae i'w chlywed yn fy chwerthin;
dyma hi yn y gusan hon,
a'n cwtsh ar ddiwedd dydd;
mae hi yma'n gyson yn alaw'r gân
sydd ar fy ngwefusau,
yn fy ngwên wrth dy warchod –
ac yn y pant od 'ma yn y soffa!
Mae hi yn fy stôr gudd o losin
yn nrâr y gegin, a bydd wedyn
yn y blas ar ein swper.
Mae hi yma, yng nglas fy llygaid
a'm penllwydni,
a'm dagrau distaw …

Paid holi mwy …

Dere, Moli, rwy am chwarae cwato:
cer di i guddio gynta'
ac fe chwilia' i amdanat –
wedi i mi gyfri'n dawel i ddeg.

ffenest

Mair o'r ffenest

yn Ysbyty Cwm Rhondda

        O'r ffenest, cawn wylio gyda'n gilydd
        geir yn dringo rhiw Pen-rhys,
        pererinion un prynhawn o haf
        yn araf lusgo, fesul hwb a gêr,
        i fyny'r llethr anfaddeugar.

        O'r fan hon, ni welwn faint
        sy'n oedi tua'r topiau llwm a'r tai
        i fwyta'u *chips* neu hufen iâ
        o'r fan; na faint sy'n mentro heibio i
        adfail muriau cred at oes a fu – at Fair,

        i olrhain blwyddi'i bri a'i braint
        â'u bys mewn gwyrthiau concrid,
        y baban yn ei breichiau, byth,
        yn disgwyl rhith o gusan –
        cyn rhuthro 'nôl i waelod cwm
        ac annibendod byw
        heb fendith.

        Ni welant hwy – y ceir na Mair –
        nyni ein dwy'n eu gwylio gyda'n gilydd
        o'r ffenest.

            *   *   *

Mam o'r ffynnon

ar ben rhiw Pen-rhys

Taro llwybr union trwy'r rhedyn,
trwy'r adlodd o bacedi creision,
caniau Coke – a gwaeth –
yn y gwair hir,
i lawr at dŷ'r ffynnon;
cael clo a reilins sinig
rhyngof i a'r dŵr
sy'n dal i lenwi'r cafn dan-do.

Pererindod od yw hon,
a'm pocedi'n Brotestannaidd
wag o roddion: dim aur nac arian
na phileri cwyr i Fair
(a gymerai gerdyn debyd?)
ac mae'n rhy hwyr (o sawl canrif)
i geisio credyd trwy gyrchu
yma ar fy ngliniau –
pe credwn, wir, bod gwerth
yn hynny.

Ond mae i'r lle hwn ryw hud
uwch culni'r cwm, uwch toeau'r tai
a phigiadau cydwybod
goleuadau diwetydd,
sy'n fy nhynnu ato'n gyson
i ymlonyddu. A heno,
ar awr ymweld,
gwn am un sydd â'i ffydd
mewn ffenest i'm dwyn i ati.

Rwy'n codi llaw amhosib ar Mam
o dŷ'r ffynnon diffenest,
gan droi i ddringo'n ôl trwy'r rhedyn,
trwy'r gwair sych, a chynnig
deigryn poeth i Fair wrth basio –
cyn prynu hufen iâ o'r fan
sydd ar fin cau.

© FreespiritLandscapes, *Lady of Penrhys*, 2011

n'ad fi'n ango'

yn 2021 mabwysiadwyd Myosotis yn symbol ar gyfer clefyd Alzheimer a dementia

Fis Ebrill, a'n gardd yn llawn ohono,
ffrwydriadau myrdd o'i sêr bach saffir
trwy'r gwyrddni, gwylltni'r borderi:
n'ad fi'n ango'.

Gwyliais y *tesserae* mân yn uno'n
gwmwl asur, mosäig astrus Mai
dan ddrysni sbrigau'r llwyn:
n'ad fi'n ango'.

Storm dros nos: petalau'n bâl o
deilchion sydyn dros y pridd
fel llestri gleision Mam ar chwâl –
n'ad fi'n ango'.

A'r gweddill bellach wedi gwywo,
mae'r had eironig rywle yn y drâr
dan bwysau bratiau bwriadau rhad
heb eu cwiro.

© blickwinkel, *Forget-Me-Nots Blooming*, 2011

gweddi: i Steffan (ac er cof serchus am Mr Llew)

'Iesu tirion, gwêl yn awr
blentyn bach yn plygu i lawr:
wrth fy ngwendid trugarha,
paid â'm gwrthod, Iesu da.

'Carwn fod yn eiddot Ti,
Iesu grasol, derbyn fi;
gad i blentyn bach gael **lle–w** *...'*

Steffi bychan, gwenwn ni
ar dy wall diniwed di;
coffa da am Mr Llew
a ddiflannodd, gwt a blew.

Chwilio'r car a'r ardd, trwy'r tŷ –
i ble'r aeth dy lew bach di?
'Doedd 'run tegan dan y ne'
a'th gysurai fel efe.

Fesul tipyn pallai'r cof
am dy lewcyn meddal, dof;
Steffi bach, gweddïwn nawr
cei di afael ar Lew mawr.

Llew i'th gadw'n eiddo'i hun,
Llew i'th ail-greu ar ei lun;
Llew sy'n ddychryn, Llew llawn mêl,
Llew aur: Aslan Isräel.

© Aled Llywelyn, *Mr Llew*, 2014

© Eleri Hedd James, *Steffasawrws*, 2016

dracoraptor: Steffasawrws

wedi gweld ffosiliau math 'newydd' o ddeinosor yn yr Amgueddfa Genedlaethol yng Nghaerdydd

Gall adlais hen esgyrn adrodd eu stori
heb eiriau: hanesion cyn-hanes
ar gadw rhwng cerrig, i'w dwedyd
o hyd gan atgof ôl traed cyn-cof am a fu.

Gorwedd yma – 'n hynod fud heddiw –
huodledd am blu, clebar rhywogaeth
a rodiai ar draethau: llefaredd unigryw
un ddraig fach o Larnog-cyn-Gymru.

O! clyw y fath ru!

* * *

Rhodio yma byth y mae'r
  hen ddeinosoriaid cas,
gan browlan lan a lawr yr ardd –
  rwy'n ofni, braidd, fynd ma's!

A dyma ddychryn pellach:
  daeth un i mewn i'r tŷ
a stompio rownd y gegin fach;
  mae'n felyn, gwyrdd – a chry'!

Mae'n rhuo fel y daran
  nes siglo daer a ne':
'Iawn, dere, Steffasawrws; gwn
  ei bod yn amser te!'

o ffwrnais awen

i'm hwyres, Ania Lili, wedi gweld casgliad Prifysgol Harvard o blanhigion gwydr

Carwn ddangos iti'r breuder hwn:
harddwch creu o ffwrnais
awen dyn â dwylo'i grefft;
dawn efelychu roddodd fod
i batrwm pob un petal prin,
tryloywder lliw, gosodiad dail,
cyn clymu gwreiddiau blêr
y cannoedd rhywogaethau.

Carwn ddangos iti'r harddwch hwn:
trefn tymhorau'n saff am dro
mewn gardd o gasys gwydr,
blagur, blodau, ffrwythau, had,
yn ffrwydrad byw ail Eden
dan gysgod y gorchymyn
a gawsom oll i'w gwarchod
(er ein gwaethaf) hyd y diwedd.

A charwn ddangos iti hefyd 'rhain,
a dysgu iti hwiangerddi'u henwau:
Lili'r Wyddfa, Heboglys Eryri –
a Radur, Cerddinen Darren Fach
a'r Gerddinen Gymreig ... dysgu iti
gân eu tanio, Ania Lili, ac alaw
eu twf yn ein tir, rhag i'w gwydr
hwythau chwalu'n ulw yn y man.

© Llywydd a Chyfeillion Coleg Harvard, *Casgliad Ware o Fodelau Gwydr Planhigion Blaschka*, Planhigfa Prifysgol Harvard / Amgueddfa Hanes Naturiol Harvard

llawenydd seinio 'll'

i'm hwyres bump oed, Elsi, wedi iddi lwyddo i feistroli'r sain o'r diwedd

Mae'r byd yn lle diddorol
  i rai all ddweud yr 'll':
mae'n llawn o eiriau llachar –
  mae popeth, wir, yn well
heb osod 'th' mewn *th*efydd
  *th*e nad yw 'th' i fod!
Ac er bod 'th' yn *th*ai o waith,
  sain 'll' sy'n llawn o glod.

Ac felly, llongyfarchion
  it, Elsi ar dy gamp;
do, llwyddaist, a lleferaist
  sain lletchwith – rwyt ti'n *champ*!
Ni chlywn amdanat bellach
  yn *th*yfu hufen iâ,
na chwaith dy fod yn *th*wglyd –
  er *th*owcio swper da!

Yn awr cei ddarllen llyfrau
  a'u llond o luniau lliw,
bydd llygod bach a llwynog
  yn llwyddo i gyd-fyw;
dan olau lleuad Medi
  ehed tylluan wen
mor gyflym â llucheden,
  cyn daw y llith i ben.

Fe awn ni'n llawen allan
  mor bell â Llanbryn-mair,
a chasglu llus o'r llethrau
  'r ôl llamu'n llon trwy'r gwair.
Yn nesaf awn i'r Llechwedd
  i dwll y llechen las,
Llandudno, Llai, Llanelli
  a Llŷn tra'n bod ni ma's.

O'r diwedd llusgwn adref
  a'n lludded ni yn llwyr.
I'n dillad nos, llopanau
  y llithrwn – aeth yn hwyr!
Dealla felly, Elsi,
  cei bellach fynd yn bell:
llymarchen yw dy fyd di
  'r ôl llwyddo i ddweud 'll'.

'T.G.'

*i Trystan Glanfield, ar ddiwedd ei flwyddyn gyntaf yn
Ysgol Gyfun Gymraeg Glantaf*

Bu Glantaf i ti yn fwgan
pan oeddet ond yn blentyn bychan:
pasio'r gatiau – gwaedd ddifrifol,
'Waa! Dwi ddim eisiau mynd i'r ysgol
'co,' a dagrau lu'n cyniwair.
(Nid oeddet ar y pryd ond pedair!)

Wedi 'mordaith' Hamadryad
fe lwyr newidiodd d'ymagweddiad:
hwylio'r don ag angor cadarn
fu'n fodd i foddi pob hen ragfarn –
Glantaf nawr yw'r ysgol orau
a geid i grwt yn ei arddegau!

Ar ôl morio blwydd o bynciau
a chymryd ar dy fwrdd fyrdd ffeithiau –
mathemateg, hanes, ieithoedd,
baneri'r byd a'i brifddinasoedd,
gwyddoniaeth, celf – dy long a ddaeth
i lan dechnegol lawn gwybodaeth.

stydi

i Owain ar ddechrau ei gwrs DPhil ym maes Patristeg ym Mhrifysgol Rhydychen;
ac mewn ymateb i Sant Sierôm yn ei stydi fel y'i darluniwyd gan Antonello da Messina
yn yr Oriel Genedlaethol, Llundain

Rhwng ffurfioldeb y colofnau dysg
a mawredd coridorau cred,
roedd cael hyd i'r gofod hwn o gartre'n
sioc o annibendod.

Bu'n rhaid ymgadw
rhag twtio dy dywel di-hid ar ei fachyn
a chorlannu'r sliperi strae;
rhag plygu jîns, gwneud peli twt o sanau;
rhag achub dalen wib
ar daith i'r llawr
a chau cloriau rhag i haul
hwyr ein pnawn
frychu meddwl golau Origen ac Awstin:
llaw'r fam ar y Tadau.

Awn at y ffenest. Gwelaf
yn y gwydr,
rhwng ffrwst colomennod,
glugiar gwirionedd
a thragwyddoldeb paun;
a dacw ddau'n rhwyfo'n hamddenol
dros darmac – gwyliwch y beiciau, bois! –
tua chroes anochel y Merthyron
ar waelod Broad Street.

Boddir cân bell amaethwr
gan ruo bws o flaen Blackwell's
a grwndi'r ceir
a'm cludodd yma'n ôl
i nawr dy stydi ac i'n sgwrs,
i swynion hela dy lew di dy hunan
(mor anniogel dda,
mor frawychus felys
mewn stori, myth a hanes):
yr Aslan sy'n dal i browlan yma byth
gan geisio'i brae
rhwng colofnau dysg
ac ar hyd coridorau cred.

Cei di geisio dofi
gwylltni'r gofod meddwl hwn –
bodlonaf innau
ar gymoni'i gysgod.

Antonello da Messina, *Saint Jerome in his Study*, tua 1475
© Yr Oriel Genedlaethol, Llundain

gwaddol

er cof am fy nhad a dreuliodd ei fywyd gwaith ym mhyllau glo Cwm Rhondda, ac i ddiolch am ei gasgliad o lampau Defi

Saif y lampau Defi mewn un rhes
yn cadw cof am lowyr nad ŷnt mwy:
fe gollodd yr aelwyd hon ei gwres.

Milwyr fuont, a'u siacedi pres
yn gwarchod pob perchennog rhag y nwy:
saif y lampau Defi mewn un rhes.

Codaf un; daw hon â mi yn nes
at rai fu'n brwydro wrth y ffas â hwy:
fe gollodd yr aelwyd hon ei gwres.

Sbarcyn atgof sydyn, ac mi ges,
mewn ffrwydrad egr o hiraeth, deimlo clwy':
saif y lampau Defi mewn un rhes.

Trwy fy nagrau, trwco hon a wnes
am ei docyn lamp ... ond dychmygu rwy!
Fe gollodd yr aelwyd hon ei gwres.

Tocyn, lampau – dyna'r gwaddol ges
gan 'Nhad, sy nawr am byth 'dan ddaear' plwy'.
Fe gollodd yr aelwyd hon ei gwres,
ond saif ei lampau Defi mewn un rhes.

stryd

Tu ôl i'r rhes o dai lle treuliais fy mhlentyndod
  (er na wyddwn ddim am hyn oll ar y pryd)
mae rhesaid ddinod arall – ond yr hyn sy'n hynod
  yw'r enwogion fu'n byw yno, ar un stryd.

Acw yn rhif saith bu Kate Roberts a'i gŵr Morris
  cyn symudon nhw i Ddinbych a Gwasg Gee,
ai yma gwelodd lowyr tlawd a'u gwragedd carcus
  sy'n poblogi strydoedd rhai o'i straeon hi?

Cyrhaeddwn wedyn dŷ Bryn Williams, yr Archdderwydd,
  aeth yn fachgen gyda'i deulu'r siwrnai faith
i Wladfa Patagonia, lle daeth yn gyfarwydd
  ag anturiaeth *gaucho* a Tehuelche'r Paith.

Tŷ 'Kitch', ddaeth yma o Lwynpiod, yw'r un fanno;
  tybed onid yno clywodd sŵn y gwynt
sy'n chwythu, chwythu pawb a phopeth fel y mynno
  gan eu gyrru fel hen fagiau *chips* ar hynt ...?

Ac yn olaf, ar y gornel bellaf, dyma dŷ
pwysicaf oll Stryd Kenry – hen gartref fy mam-gu.

'nôl i'r cwm: cân

Aeth llethrau du Cwm Rhondda nawr yn fryniau gwyrddlas ir,
fe gliriwyd gwastraff glo a gwaed, a sychu'r chwys o'r tir;
lle bu 'nghyndeidiau'n cloddio'n ddwfn i'r haenau o aur du,
fe'm tynnir i i rodio'n rhwydd trwy strydoedd serth eu stori.

Mae'r cwm yn mynnu 'nhynnu i yn ôl
i chwilio am y cyfoeth sy'n llechu yn ei gôl;
fy nghof sy'n mynnu 'nhynnu i yn ôl –
fy nghalon sy'n mynnu 'nhynnu 'nôl i'r cwm.

Pan dorred Coed Glyn Cynon gynt a throi pob bedwen las
yn fwyd ffwrneisiau barus y meistri haearn cas,
fe ganodd bardd ei brotest am losg galar dan ei fron;
dof innau'n alltud braf ei fyd i grwydro bro'i benillion.

Mae'r cwm yn mynnu 'nhynnu i yn ôl ...

'R ôl tanchwa pwll Senghennydd, lle y collwyd pedwar cant
a thri deg naw o goliars – 'doedd rhai fawr mwy na phlant –
rhoed pris ar fywyd glöwr: gwerth *one-an'-'leven* bob un;
a'r llyfr cownt gyfrifai'r gost sy'n galw ar hyd y dyffryn.

Mae'r cwm yn mynnu 'nhynnu i yn ôl ...

O gysurusrwydd heddiw, cyrhaeddaf yn y man
linellau'r gân o alar gwyn ar lethrau Aber-fan;
er imi yn fy meddwl ymarfer ei nodau hi,
mae alaw leddf Cwm Taf yn mynnu fy nistewi.

Mae'r cwm yn mynnu 'nhynnu i yn ôl
i chwilio am y cyfoeth sy'n llechu yn ei gôl;
fy nghof sy'n mynnu 'nhynnu i yn ôl –
fy nghalon sy'n mynnu 'nhynnu 'nôl –
fy hiraeth sy'n mynnu 'nhynnu 'nôl i'r cwm.

anthem

ymateb i linell gyntaf ein hanthem genedlaethol, 'Mae hen wlad fy nhadau yn annwyl i mi'

Mae gwlad fy nhadau'n fythol, fythol newydd:
yng ngwyrddni'r gwanwyn, lliwiau gwawr ysblennydd,
yng ngeiriau cyntaf plantos ar aelwydydd,
am hynny canwn glodydd Cymru, ein hen wlad.

> *Cas gŵr na charo'r wlad a'i maco:*
> *os yw'n ystrydeb o ddihareb,*
> *gadewch i ni ymateb*
> *trwy gydganu i ddathlu Cymru'n gwlad.*

Mae gwlad fy mamau'n annwyl, annwyl i mi,
o Fôn y Fam i'r 'fam Gymreig' a'i theulu,
Gwenllian, Branwen, Nest – a Shirley Bassey!
O! canwn, canwn ni i Gymru, ein mam-wlad.

> *Cas gwraig na charo'r wlad a'i maco:*
> *os yw'n ystrydeb o ddihareb,*
> *gadewch i ni ymateb*
> *trwy gydganu i ddathlu Cymru'n gwlad.*

Mae gwlad f'hynafiaid yn anodd i'w pheidio
pan gollwn bob gêm, a gobaith yn cilio;
ond wrth ganu'n hanthem, fe godwn eto:
ar alaw 'Glan Rhondda', O! canmolwn ein gwlad.

> *Cas pawb na charo'r wlad a'i maco:*
> *os yw'n ystrydeb o ddihareb,*
> *gadewch i ni ymateb*
> *trwy gydganu i foli Cymru'n gwlad.*

> *Cas pawb na charo'r wlad a'i maco:*
> *os yw'n ystrydeb o ddihareb,*
> *mae'n mynnu ein hymateb –*
> *awn ati i anwylo Cymru'n gwlad.*

lliw a llun

yn Eglwys Llanilltud Fawr

cofio am gerdded o Ferthyr Mawr i Lanilltud Fawr, haf 1972

Teimlem ein bod ar fin trengi
gryn dipyn cyn diwedd y daith,
rhwng y gwres a phoen a phwysau
beichiau anghyfarwydd ar ein cefn.

Yr her, a balchder ein hysgwyddau ifainc,
a'n cludodd fesul cam i'r eglwys
y diwrnod hwnnw, ar hyd llwybr
heb urddas priflythyren iddo
ar y pryd, a'n traed hiraethus –
mewn bwtsias benthyg trwm –
yn cofio'n niwropathig dan bothelli
am ddyfroedd anaesthetig Ogwr
a slicrwydd ei cherrig sarn
tua dechrau'r daith ...

Mae'r blynyddoedd wedi tynnu'r lliw
o'r holl fanylion; ond heddiw dyma olrhain
amlinelliad bras o'n cwrs ar fap,
a daeth rhyw sbrigyn o'n sgwrs
ar hap yn ôl o rywle: rhyw ddwli dwl
(rhwng y craffu manwl-ddwys
a phwyso'n bwyllog ar ein ffyn)
yn fflach annisgwyl o hwyliog
o gofio'n traed dolurus!

Heibio i'r Creigiau Du â ni, ac wedyn
croesi Bae Dwn-rhefn;
i fyny Trwyn y Wrach
(dan chwerthin mawr)
at Drwyn yr As a Sain Dunwyd ...

© Luned Whelan, *Murlun Eglwys Llanilltud Fawr*, 2024

A dyma deimlo eto bwysau sach
ar gefn, yn bwn cynyddol ddiwedd pnawn,
a chreulonder brath ei strapiau,
a stryffaglu â phlygiadau'r map,
a'r staeniau chwys a'r straen,
a thymer pawb dan boethni'r haul
mor frau â'n sanau erbyn hynny ...

nes cael ein bod yn sydyn –
O! brofiad bendigedig! –
yn wynfydedig droednoeth
ar oerni llawr y llan,
ein bwtsias mewn rhyw berth
ynghyd â phob un baich.

A drachtiaf eto heddiw'n faith o ias
y foment pan welais, ar wal,
mewn cysgod o ddelwedd,
y deuai diwedd – ryw fory – i'r daith.

cragen
ar draeth y Borth, ddiwedd Hydref

Wedi hidlo'r cawl elfennol
i'w llithrigrwydd orgasmig
a fu'n curo, curo byth
i rythmau meddal y môr ei hun;

wedi tolach y tonnau,
arllwysiad sïon serch
a chyfrinachau'n twmblo'n chwil
ar ewyn tafodau'r llanw,

daeth trai i ollwng hon yn gylch
o rychau arian ar draeth gwag,
a hithau'n llawn o hyd o atgof
hirddydd haf a fu, ryw dro.

© Iestyn Hughes, *Cragen*

blodau'r haul

(mewn lolfa sy'n wynebu tua'r gogledd)

i 'Sunflowers', Vincent van Gogh yn yr Oriel Genedlaethol, Llundain

        'Ddaw'r heulwen byth mor bell
        â'r stafell hon; ni ddaw'r un llafn
        yr haf – na Chalan Mai na Dygwyl Ifan –
        â chymaint anwes slei o wres o lawes las
        i ddenu'r llwch o hen gorneli'r gaeaf
        a'i gipio'n glou i ddawnsio yn ei freichiau
        tra pery'r golau ma's yn wallgo felyn gwyllt.

        A Medi wedi sadio blwyddyn arall,
        af draw i'r siop a phrynu bwnsh o'r haf
        (ynghyd ag angenrheidiau eraill –
        sebon golchi, sudd afalau, stwff
        i lenwi bola bywyd): un goflaid rad
        o flodau Tesco'n atgo' o gwmpeini
        a haul na ddaw â'i wên i'r stafell hon.

Vincent van Gogh, *Sunflowers*, prynwyd 1888, Cronfa Courtauld, 1924
© Yr Oriel Genedlaethol, Llundain

© Hywel Harries, *Salem*, 1975

cwrdd gweddi Zoom

mewn ymateb i ddehongliad ciwbaidd Hywel Harries
o lun Curnow Vosper, 'Salem'

'Wêl neb fi heno'n llithro i'm lle
ymhlith y corau cyfrifiadurol,
bymtheg munud – neu fwy! – ar ôl pawb.
Rwy'n cyfri'r corunau, yn sylwi
ar sawl un yn codi fel Kilroy
uwch godre'r sgrin, cyn gosod fy meic
ar *mute*, yn ôl y cyfarwyddyd arferol.

Ai am fy mod i'n hwyr na theimlaf
fod 'run min ar bethau heno? Neu
a gollodd gras ei wres yn nhonfeddi'r we?
Trwy gil fy mysedd rwy'n mentro
pipo eto ar resi'r pennau defosiynol,
a difaru na wnes innau forol gwisgo
pilyn gwell amdana' i cyn dod i'r cwrdd.

siopa yn y Normal Newydd

mewn ymateb i ddehongliad ciwbaidd Hywel Harries o lun Curnow Vosper, 'Diwrnod Marchnad yn yr Hen Gymru'

Mae'r dyddiau'n troelli'n gylchoedd ar y dreser,
  tipiadau'r cloc yn mesur onglau'r hwyr,
chwalwyd pob trefn a chipiwyd rhythmau amser,
  fe ddrylliwyd siapau'r byd a fu yn llwyr.

Aeth câr a chyfaill bellach yn ddieithriaid,
  a'm llun fy hun sy'n estron yn y drych;
'ddaw neb i'r drws heb gamu 'nôl ddwy lathaid;
  fy unig sgwrs? Â'r titws yn y gwrych.

Sut galla' i wneud synnwyr call o'r cwbwl
  a'm bywyd fel 'sai'n symud ma's o'i le?
Gwn i: ymateb Mam i bob rhyw drwbwl
  oedd gweithio batsh o bice bach i de …

Estyn wyau, menyn, llaeth, a golchi 'nwylo
cyn cofio – tyh! – 'doedd dim blawd i'w gael yn Tesco.

© Hywel Harries, *Diwrnod Marchnad*, 1976

p

wedi gweld 'Pee body' gan Kiki Smith (g. 1954) yn Amgueddfa Fogg, Amgueddfeydd Celf Harvard

        Plis –
        paid edrych yma.

        Rwy'n teimlo pwysau llygaid
        pawb sy'n pasio,

        pawb sy'n cymryd pip –
        cyn prysuro'r
        ffordd arall heibio.

        Plis –
        paid oedi yma.

        Oni welaist ti'r
        priflythrennau bras, yr arwydd pigog:
        PREIFAT?

        Pam wyt ti'n mynnu pipian
        ar swildod
        un sy'n plygu
        i mewn arni'i hun;

        un ar ollwng perfeddion,
        proses rhyddhad?

        Plis –
        paid edrych eto.

© Kiki Smith, *Pee Body*, 1992, Amgueddfeydd Celf Harvard / Amgueddfa Fogg

Paid trio dilyn llif
y geiriau hyn
yn ôl i mi fy hunan;
na chynnig padlan – eto –
trwy'r pyllau penillion;

paid disgwyl i mi ollwng
pen-draw cerdd yn dwt
mewn potyn aur.

Aros, nes i mi ddweud
PAROD –
a chei di edrych wedyn.

cyfrinach

wedi i arbenigwyr ddod o hyd i weddillion sboncyn y gwair wedi ei ddal ym mhaent 'Y Gelli Olewydd', Vincent van Gogh

'The murmur of an olive grove has something very intimate, immensely old about it' (Vincent van Gogh, mewn llythyr at ei frawd, 1889)

Vincent van Gogh, *Olive Trees*, 1889 © Amgueddfa Gelf Nelson-Atkins

Ust!
     Dere'n nes;
clustfeiniwn ar weddi gudd
y gelli dan bwysau'i ffrwyth
yng ngwres y dydd.

         Yma,
rhwng cysgodion llwyd,
mae tri boncyff o'r un gwraidd
yn bras gyffwrdd, eu brigau'n
cydgynllunio gwawr
i fyd cyn gosod haul
na lloer, cyn codi glas y tir
o donnau annibendod oer
y dim tu hwnt i'r deall.

Yn ddistaw – ust! –
dewisa un i fynd
i'w dranc:

fel sioncyn gwair,
un sbonc –
      un naid –
'un waith am byth'
i gorff o gnawd
ac ar ein llun
ar arffed Mair,
i'w ddal mewn pryd ym mhlyg y paent
a'i liw – i'r rhai a'i gwêl –
yn aberth byw yng ngwewyr
gardd o goed olewydd.

Patagonia

llun darogan

i'r llun o Catherine Davies o Landrillo, sir Ddinbych, ynghyd â'i thri mab,
William (8), Henry (7) a John (1)

Proffwyd, nid ffotograffydd fu ar waith:
dau fach lonydd mor drist ag angau
o boptu i'w mam,
ac ar ei harffed
y fflach o fywyd penfelyn,
rhy chwim i neb ei nabod.

Catherine Davies a'i phlant, a ymfudodd i Batagonia ar fwrdd y Mimosa, c. 1865, gyda diolch i Lyfrgell Genedlaethol Cymru

© Eduardo Marinho, *Bedd Catherine*

tri bedd Catherine

Wrth orfod lapio'r lleiaf hwn mewn lliain,
gosododd Catherine ran
ohoni hi ei hunan rhwng pob plyg,
digon i gadw'r bychan ati'n glòs
am funud fwy,
tra gyrrai gobaith gwan y criw hwy'n
bellach, bellach dros yr Iwerydd.

Bu raid ei rwygo ef o'i chôl
o'r diwedd;
hithau'n wallgo'n ei alw ati'n ôl –
cyn clywed slap ei gorff ar donnau
a bysedd ewyn yn ei hawlio wedyn
i'r archoll cyn suddo –
a phwysau colled Catherine
fel rhawaid o bridd ar ei brest.

       * * *

Rhaid ei bod wedi ildio, mewn gwirionedd,
cyn y floedd gyhoeddodd weld
 – o'r diwedd! – dir;
cyn i lygaid eraill olrhain
amlinelliad cylch y bae,
cyn bwrw angor eiddgar,
cyn i'r parti fforio cyntaf fentro cam.

Eto, aeth trwy'r mosiwns, fel y mamau eraill
ar y dechrau: cysgodi rhag gaeaf ei galar
rhwng y creigiau ar y traeth;
gwneud tŷ bach twt
mewn cwt o gynllun annigonol,
      cyn simsanu
            a sigo'n derfynol.

Fe'i claddwyd hi yn barchus
ar y penrhyn, mewn arch
a wnaed o bren llongddrylliad arall.

      *   *   *

Ac yna'r atgyfodiad annhymig:
mân weddillion llygredigaeth y cnawd
ac esgyrn a sugnwyd yn lân o fêr hunaniaeth
wedi canrif a rhagor,
gan agor mwy na hen fedd anhysbys.

Canys wedi'r dadansoddi,
y datrys ar godau biolegol,
y datod dirgelwch
wnaeth roddi enw ar yr olion prin – ie,
wedi canfod Catherine –
llwch pwy'n wir a ddodwyd 'nôl
i'r tir ger y traeth,
i anwes pridd a thywod Madryn:
ai Cymraes ynteu Archentes?

Mimosa – 1

Mimosa: llwyn neu bren trofannol o'r tylwyth Mimosa
a'i flodau'n ymffurfio'n glystyrau crwn o liw pinc neu felyn

Ys gwn i beth feddyliai'r rhai
ddisgwyliai am yr *Halton Castle*
('A gollwyd hi a phawb fu ar ei bwrdd?')
pan gawsant yn ei lle
Mimosa?

Nid castell i'w cludo, gan godi muriau am eu hiaith
a'u cred; dim dorau dur i warchod
gwerth eu mwynder radicalaidd, na magnelau
trwm eu hannel, dim ond
Mimosa.

Llong ac arni enw llwyn trofannol
(pe gwyddent hynny, hefyd);
un fwy atebol i gario trwy ferw'r dyfroedd
lwyth o de na phwys eu breuddwydion:
Mimosa.

Ond o'r hadau a osodwyd yn y llestr pren
fe dyfodd coeden arwyr; blodeuodd mwy
na hwy eu hunain yn glystyrau tyn, a'u lliw
yn drech na llwch eu gwladfa, ar ben taith
Mimosa.

Mimosa – 2

Mimosa: enw arall ar seren Beta Crucis *neu* Becrux*, yr ail seren fwyaf disglair yng nghytser Croes y De*

    Nid y *Magi* mohonynt,
    yn dilyn epiffani o seren
    nes canfod, wedi caledi'r daith,
    Waredwr mewn dyn bychan
    cyn dychwelyd ar hyd ffordd arall;

        ac eto rhwng yr anawsterau fu
        a'r rhai a fyddai, dyma fintai'n
        mentro ymffyddio mewn seren,
        gan geisio gwaredigaeth yn llwybr
        cytser sy'n araf hwylio'n bellach,
            bellach
                    tua'r de
        â phob cylchwyl o'r rhod.

Cyn iddi suddo dan orwel amser,
gwelsai hen seryddwyr Groeg a Phersia
Groes y De rhwng coesau Centawrws,
y Dyn-farch:

        a phryd yn union
        gwelsant hwy, y fintai gyntaf,
        bwysau'r groes a roesai'r
        antur fawr Archentaidd
        ar gefnau'n gwyro'n ddi-droi'n-ôl
        tua hemisffer y de?

Mimosa – 3

Mimosa: enw ar goctel – un rhan sudd oren i un rhan siampáen (neu win pefriog arall)

Orenau:
ni fyddai prinder orenau –
gorweddent, meddent,
yn domenni dan goed, yn writgoch
fel marwor, yn olion haul crasboeth
rhwng cysgod canghennau;
yn gannoedd machludoedd
yn barod i ddisgyn
oddi uchod i ddwylo;
rhai suddlon o felys, i lenwi
cwpanau yfory ag aur eu diferion.

Na, ni fyddai prinder orenau,
roedd yr addewid yn blaen:

ond 'doedd yr un cyfarwyddyd
am ble gellid, wedyn, brynu'r siampáen.

gobaith

wrth gyrraedd Porth Madryn: 1865 a 2015

Rywle rhwng myth a hanes,
rhwng 'chredwch-chi-byth
ac addewid, rhwng ffaith
a phumed gainc rhyw fabinogi
gwych am daith arwyr tua machlud
dros Fôr Iwerydd – i Annwfn neu
i ddrych o Gymru'r dychymyg
ym mhen draw byd ...

       ... rywle yma,
ie, rywle fan hyn,
ar draeth Madryn, dan frath
y gwynt, rhwng symudoledd twyni
a thwmpathau prysg y paith,
anweddodd hud eu breuddwyd
dorfol, o'r diwedd,
yn ddiriaeth
fwy sylweddol na'u gobaith.

pengwin prysur

yng ngwarchodfa natur Punta Tombo, Ariannin

Mae busnes bod yn bengwin
  yn waith difrifol iawn:
rhaid gwisgo siwt a bod yn giwt
  o fore hyd brynhawn.

Rwy'n cerdded pob un llwybr
  i wirio a yw'n syth,
a rhoi fy nhrwyn wrth fôn pob llwyn
  i weld oes ynddo nyth.

Ar ddiwedd diwrnod prysur
  'does dim yn well gen i
na mynd i'r môr – os yw hi'n o'r
  mae hynny'n fwy o sbri!

Ac wedyn troi am adre
  at gymar glân ei phlu;
ond er mor hardd fy ngwraig a'n gardd,
  rwy'n byw mewn twll o dŷ!

© Christine James, *Pengwiniaid Patagonia*

yn Sain Ffagan

adfail

Mae'r darnau yno i gyd,
yn hen domenni blerwch
bod; mewn cilfachau swil,
dan lwch, tu hwnt i droeon
profiad chwil, hyd lonydd
hanner angof, mae cerddi
oes yn llechu mewn
murddunod.

'Does
angen ond eu hadfer: cael
hyd i sail i godi ffrâm, a rhoi
maen yn ôl ar faen cyn clymu
trawstiau ynghyd, er ail-greu
man lle gellir ceisio cynnau'r
hanes eto'n fflam dan
botes berw byw.

Ond am fod
techneg yn y dymchwel, yn
yr agor, yn y datod ar brofiadau
fesul cam, gan osod trefn rhif a rheol
cyn mentro cychwyn ar ailgodi mur,
gorwedda'r geiriau hyn yn domen
meini tryblith, a'r gerdd o hyd
ar chwâl, yn adfail sur.

yr aelwyd hon

ger y tân ym Mryn Eryr (tŷ crwn o Oes yr Haearn), Sain Ffagan

'Tri pheth a geidw cof ac a saif yn lle tystion i ddyn ar ei ddylyed o dir: lle hen odyn, neu bentanfaen, neu esgynfaen.' – *Cyfraith Hywel Dda*

Gorchwyl a roddwyd i ni
oedd ei gwarchod,
a gweini arni bob dydd;

gofal a roddwyd i ni
oedd ei gwylio,
a'i gosod dan gladd gyda'r hwyr;

a braint a fawr-brisiwn ni
yw ei bywio'n
flaguryn dadannudd i'r wawr.

Dyma'r hedyn:
mae ynddo fywyn
y tylwyth ei hun.

Dyma hedyn
un gainc, un gwreiddyn
i'n clymu ni'n un.

Dyma hedyn
i'w amddiffyn:
fy hunaniaeth fy hun.

Gorchwyl a roddwyd i ni
yw ei gwarchod
rhag diffoddi henfflam ein hil.

© Amgueddfa Cymru / Sain Ffagan, *Y Tai Crwn*

ar encil

yn Sain Ffagan, dridiau cyn Heuldro'r Gaeaf

    Ganol gaeaf,
    a'r heulwen welw
    wedi mwstro'i hynni
    prin i'n hel ar gyrch hyd
    lwybrau anghynefin
    wag.

    Dygnwn arni'n
    fintai fechan frwd
    i gylchu'r tai; nid oes
    ond ôl y rhewynt ar aelwydydd
    heddiw, a gwaniad min y
    golau'n gwaedu'r lliw
    o lif ein sgwrs.

    Yn
    weddill bach,
    ymgrebachwn
    ar gyrion y gwyll;
    dail crin cwteri'n unig
    dyst i sbleddach haf a'r nodd
    a giliodd o golfenni
    praff at lymdra
    gwraidd.

    Gwelwn
    nad oes modd
    gwrthsefyll grym
    y gaea'n gwarchae
    arnom, a thrown ninnau
    gefn ar glos a ffown,
    ar foment wan, am
    ddiddosrwydd:

at gysur man
lle gallwn brynu'n
rhwydd y Pethe wrth y
pwys mewn pecyn glân,
i gyfeiliant tanio
ffyrnig hen
ergydion.

Cyn ildio
i delerau'r nos,
cytunwn, wir, nad oes
diben mentro eil-
gyrch cyn yr
heuldro.

'rydych chi yma': ddydd Calan yn Sain Ffagan

map o'r safle (a'r Amgueddfa ar gau)

Ni fydda' i'n arfer trefnu cynnal oed â neb
yng nghyntedd bore Calan,
yn limbo'r fan sy'n datgan
ag awdurdod athronyddol
imi ddod hyd yma.

Ac ni ddisgwyliais chwaith
y cwrddwn i
â mi fy hun yn unigeddau'r
saib rhwng diweddebau'r
flwyddyn fu a dechrau'r nabod
ar eleni newydd.

Ar lun pererin llesg
ar ôl crwydriadau hirfaith,
ymlusgais heddiw tuag allan,
ac o ran cwrteisi, debyg,
wedi sylweddoli'r siwrnai seithug,
dyma ddechrau fy holi fy hunan
am fy nhaith,
mewn ymson o seiat fer.

Trwy awyr denau copa'r flwyddyn,
rwy'n olrhain ar fy nghyfer y mannau
lle y bûm, gan weld
holl droeon gyrfa'n ymddolennu'n
brofiad bryniau Caersalemaidd,
fel rheffyn hir o'm hôl –
a'r clymau ynddi
lle y baglais dros ryw ffolinebau.

Daw heulen wan i daflu cysur
rhith o wres
wrth imi ddilyn dotiau bywyd,
fel rhedeg bys dros fap o'r Amgueddfa,
mor gyfarwydd nawr â brychni oed
ar law; rwy'n cysylltu'r smotiau
yma a thraw,
trwy feysydd gŵyl a gwaith,
nes gweld bod pob un ffordd
yn arwain yn berffaith i'r fan hon
a'i datganiad dirfodol
fy mod i yma. Ac na allwn, wir,
fod yn unman arall.

cwpwrdd cysur

gwely cwpwrdd Kennixton

> Wrth 'mochel dan gesail cysuron, ymylon arfer yn bared rhag awelon hap a chaledi her, ymlapiaf yma mewn cysgadrwydd braf. Nid ystwyriaf ddim o ddiogelwch rhwydd y matres gwellt, na'r man lle gwelir ôl fy mhen o hyd yn bwysau ar obennydd bras, i estyn ar fy myd ... Ga' i orffwys yma eto, dro, nes bod rhaid ymagor i'r awyr las a byw y tu fas i'r bocs?

© Amgueddfa Cymru / Sain Ffagan, *Gwely Cwpwrdd Kennixton yn Ffermdy Kennixton*

litani ar gyfer Dygwyl Deilo, 9 Chwefror 1520 ... a 2020

yn Eglwys Llandeilo Tal-y-bont, Sain Ffagan

Ar dy ddygwyl, Deilo, dyrchafwn eto'n gweddi
ar iti'n cadw'n ddiogel erbyn dydd o g'ledi yn y byd:
Sancte Teliaue ora pro nobis.

Fel na suddwn byth i'r gors na'n curo gan y tonnau,
ond croesi'r dyfroedd mawr i'r hafan olau gyda Duw:
Sancte Teliaue ora pro nobis.

Rhag dinistr dŵr a thân, rhag rhaib a rhwd a lladron,
gwarchod drosom fel dros drysor drud a fyddo'n eiddot ti:
Sancte Teliaue ora pro nobis.

Rhag aflonyddu'n hysbryd egwan gan stormydd anghrediniaeth
a phylu'n golwg ar ogoniant lliw a llun dy greadigaeth ar bob llaw:
Sancte Teliaue ora pro nobis.

Sancte Teliaue ora pro nobis.
Sancte Teliaue ora pro nobis.
Sancte Teliaue ora pro nobis ...

... fel y cyfyd d'eglwys, Deilo, o ddyfnderoedd esgeulustod
i fyny'n lân o'r llaid, heb frych na rhwd na difrod, trwy nerth Crist:
Crist, clyw ein gweddi.

Arglwydd, clyw ein gweddi.
Crist, clyw ein gweddi.

lle i bob amcan dan y nefoedd

ym mynwent gron Eglwys Llandeilo Tal-y-bont, Sain Ffagan

Lle i chwarae, lle i chwerthin,
lle i ganu, lle i ganlyn,
lle i wenu, lle i wylo,
lle i faddau a dechrau eto.

Lle i ddewis, lle i ddathlu,
lle i fentro, lle i fethu,
lle i feddwi, lle i fwrdro:
rhag llygaid Duw, 'does lle i guddio.

criafolen: ger tŷ coch Kennixton

i Eleri a Jonathan ar achlysur eu priodas, 5 Ionawr 2008

Ei blagur gwynion:
addewidion yn gawod
o gonffeti gwyllt.

Ei haeron cochion:
addewidion yn gnydau
hir gusanau'r gwres.

Ei changau noethion:
addewidion yn garsiwn
rhag gelyn y gwyll.

© Amgueddfa Cymru / Sain Ffagan, *Y Griafolen y tu allan i Ffermdy Kennixton*

ymerodraeth

Miss Rachel Ann Thomas, prifathrawes Ysgol Maestir, 1894–1905

Rhwng pedair wal teyrnasai hi'n
  unbennes falch ar blant y fro,
a'r Saesneg denau ar ei min
  yn orthrwm dysg o dan ei tho.

Yn sŵn crafiadau'u pinnau inc
  cyflwynodd hithau rif a ffaith
a sôn am frwydrau pell, heb dinc
  o gydymdeimlad yn ei hiaith.

Disgyblaeth cansen a'r Welsh Not
  a gadwai'r plantos yn eu lle,
ac nid ymboenai hi'r un iot
  wrth fynnu'u defnydd o'u llaw dde.

Wrth bwyntio'i 'chliciwr', megis dryll,
  ys gwn a deimlai – weithiau – wrid
yn lledu drosti'r un mor hyll
  â'r coch a liwiai'i map o'r byd?

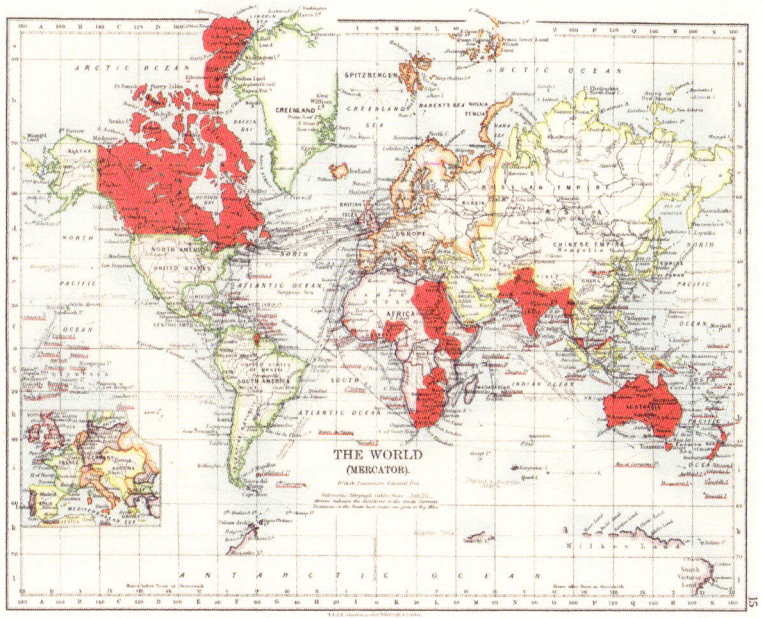

© Galeri Print Antiqua, *British Empire Map* (Johnston), 1901

cymen

'Am I clean and tidy?' – *ar y drych yng nghyntedd Ysgol Maestir, Sain Ffagan*

'Cyn gadael tŷ bob bore
rwy'n gwisgo dillad deche,
yn golchi f'wyneb a'm dwy law,
yn brwsio'r baw o'm sgidie.

'Mi wn *times four* yn burion,
mae '*mhenmanship* i'n gyson;
rwy'n gymen ym mhob gwedd o'm gwaith –
ond darllen iaith fy nghalon.'

(sg)rap

wedi gweld gweolyn Llan-gors

Mae'n hen stori oesol:
gwaredu'n gwastraff yn effeithiol.
Ei daflu ar domen drefol,
ei gladdu'n danddaearol,
yn fara menyn archeolegol
neu'n drysor rhyfeddol i ddyfodol
tu hwnt i'n dychymyg.
Pa ddehongliad fforensig
wnaiff rhyw academig
o'n mynyddoedd a'n hynysoedd plastig;
o sgerbydau'n ceir a pheryg
ein ffosydd, afonydd gwenwynig;
o'n dillad rhad, darfodedig
fel crafion apocalyptig
o'n plât? Neu a ddaw rhyw law
i chwalu a chael, rhwng ein baw
a'n budreddi, hen alaw
aruchel cân adar, neu faw-
redd olion traed llewod difraw
yn rhodianna trwy gurlaw
canrifoedd, er merwinaw
pob sgrap o'n lliw'n ddistaw
o'n llun?

cofio a chyfarch

baled Ynys Llanddwyn

ynys lanw yw Ynys Llanddwyn, a sarn yn ei chysylltu â thir mawr Ynys Môn pan fydd y môr ar drai

Gariadon hen ac ifanc,
   dewch, gwrandwch ar fy nghân
am hanes Santes Dwynwen
   a garai hogyn glân:

yn wir, yr hogyn glanaf
   a welodd neb erioed,
ac aeth efe a Dwynwen
   un dydd am dro i'r coed.

Fe roes ei fraich o'i chwmpas
   a'i thynnu hi i'w gôl,
a cheisiodd ef ei chymryd –
   ond tynnodd hithau 'nôl.

Fe alwodd hi am gymorth:
   daeth angel lawr o'r nef
â diod rew i Maelon,
   i oeri'i chwantau ef.

Mor rhewllyd oedd y ddiod,
   trodd ef yn golofn iâ;
'O! diar,' meddai Dwynwen,
   'Ond dywedais wrtho, "Na!"'

Gweddïodd yn ei gwewyr
   am dri dymuniad gwiw:
yn gyntaf am i Maelon
   gael dadlaith yn ddi-friw;

© Iestyn Hughes, *Ynys Llanddwyn*

yn ail, i Dduw fendithio
   cariadon ym mhob man;
yn olaf y câi hithau
   fyw'n dawel, yn y llan,

yn bell o bawb a phopeth
   ond sŵn y môr am byth.
Fe gadd ei thri dymuniad
   eu gwireddu oll yn syth.

Daeth Maelon 'nôl yn heini
   yn ôl y stori hon.
A Dwynwen? Aeth yn lleian
   i Landdwyn dros y don.

Ond beth, dywedwch chithau,
　　am ail gais Dwynwen bur
i Dduw fendithio'n fythol
　　rai â'u cariad fel y dur?

Wrandawyr annwyl, cofiwch
　　nad stori wir yw hon,
yn hanes pob cariadon
　　daw'r lleddf ynghyd â'r llon ...

Encilio draw i Landdwyn
　　fu hynt nawddsantes serch;
ond dyma ddarlun hefyd
　　am gymod mab a merch.

Os bydd i ofid bywyd
　　eich gyrru ar wahân –
boed stormydd mawr, treialon,
　　neu bethau dibwys, mân –

wel, cofiwch, yn eich cyflwr
　　ynysig, crac a chaeth,
am gyfle'r trai i groesi'r sarn
　　a chwrddyd ar y traeth.

pacio

yr uchelwr Hopcyn ap Tomas wrth Hywel Fychan, prif ysgrifydd Llyfr Coch Hergest

'Mae Cymru yn cychwyn ar siwrnai,
   ac ni wn i pryd y daw'n ôl;
cer, Hywel – cer ati i bacio,
   paid gadael dim gwerthfawr ar ôl.

'Ni allaf anghofio fy mreuddwyd:
   gweld Cymru yn wenfflam i gyd,
eglwysi yn gwegian, ein croestai'n
   wag, a'r hedydd eofn yn fud.

'Bydd raid dweud ffarwél wrth y mwyeilch,
   codi llaw ar galchlys a dôl,
mae siwrnai hir, Hywel, o'n blaenau
   ac ni wn i pryd cawn ddod 'nôl.

'Rwy'n ofni'r holl luniau'n fy llygaid:
   Bro Gŵyr a glan Tawe ar dân,
y fflamau yn llepian llawr cartref
   doethineb a chwedl a chân.

'Rhaid mynd, ond yn gynta' rhaid pacio
   fy holl bethau gwerthfawr i gyd.
Rho, Hywel, fy nghyfoeth rhwng deuglawr
   cyn cyrraedd o'r t'wyllwch yn fflyd.

'Estynna sidanwe'r chwedleuon,
   perlysiau'r meddygon yn lles,
ger gwerthoedd gramadeg, aur hengerdd,
   gosoda nhw'n dwt, mewn dwy res.

'Cer, Hywel – cer ati i bacio,
   paid gadael dim pwysig ar ôl;
mae Cymru yn cychwyn ar siwrnai –
   ys gwn a ddaw byth yn ei hôl?'

comisiwn

Hywel Fychan, prif ysgrifydd Llyfr Coch Hergest, am Hopcyn ap Tomas

Ni fu'r un fath wedi'r freuddwyd:
gweld ei wlad yn dân i gyd,
y gwarchae ar eglwysi,
ar fawrdai, ac abadau'n
crwydro'r llwydni tenau cyn y wawr.

'Doedd dim yn newydd yn y gwŷs
i'w galchlys ar lan Tawe,
'doedd dim yn od ychwaith
mewn cais am lyfr arall – eto fyth,
na'r ffaith ei fod e'n mofyn
rhywbeth ffansi:

'Gwaith a fydd yn gofnod,' meddai,
'o chwaeth a chyfoeth gŵr a gwlad.'
'Fydd e ddim yn rhad,' rhybuddiais:
chwarddodd naf y naw can punt
a mynd i wrando eto ar y mwyeilch,
cyn iddynt ddistewi.

dau dŷ ar lannau Tawe

ar achlysur dathlu pen-blwydd Tŷ Tawe yn 30 oed, 15 Hydref 2017

Bu Tŷ ger Tawe mewn rhyw oes o'r bla'n,
a'r beirdd yn heidio yno i ddatgan cerddi;
rhoes ei furiau groeso i fawr a mân,
bu yno wleddoedd bwyd a medd a miri.
Adroddwyd chwedlau, casglwyd dysg ynghyd,
diharebion, trioedd, cyfraith, dan orchymyn
Hopcyn, gan roi'r cwbl yn ddiogel glyd
rhwng cloriau'n erbyn dydd na wyddai'r werin.

Ac wedi treiglo dros bum canrif faith
sefydlwyd Tŷ o'r newydd ar lan Tawe.
Ei seiliau? Gweledigaeth am yr Iaith.
Ei furiau? Cariad Hopcyn at y Pethe.

Wrth ddathlu ei ben-blwydd yn ddeg ar hugain,
gwnawn Dŷ Tawe'n Ynysforgan i ni'n hunain.

© Iestyn Hughes, *Afon Tawe*

mangoed

i ddathlu dechrau'r gwaith adeiladu ar safle newydd Ysgol Dafydd Llwyd, y Drenewydd, 19 Ionawr 2015

> 'Ti yw coed deunydd tŷ cerdd.
> Trawst ein iaith trosti a'i nen …'
> *'Moliant Dafydd Llwyd ap Dafydd o'r Drenewydd' (Guto'r Glyn)*

Os bach i ni bellach y bryncyn
lle safai tŷ dy gân,
cartref bychan
seiri crefft
ger grym llifeiriant Hafren,

ac os llyncwyd tomen
gŵr y llinell union
gan goed a llwyni'n
bwrw rhwydi
cysgod estron dros y tir,

'does angen inni chwilio'n hir
trwy'r drysi,
na chloddio'n ddwfn
i'r pridd
ar lannau Hafren,

cyn canfod eto dderwen
sy'n canghennu'n
llys o gân: o'i bonyn
brigodd mangoed
a'u llond o egin ir

sy'n mynnu adfeddiannu tir
rhag grym llifeiriant Hafren.

Tafwyl

wrth agor Tafwyl, 4 Gorffennaf 2015

Tair ffordd i Gymru wybod
i'r haf o'r diwedd ddyfod:
awyr las, a thywydd braf,
a Thafwyl, fis cyn 'Steddfod.

O dewch, holl Gymry'r ddinas,
aelodau pob cymdeithas,
capel, Aelwyd, ysgol, clwb:
rhowch hwb i'r iaith o'ch cwmpas.

Ddarllenwyr *Y Dinesydd*,
dewch nawr i lenwi'r hewlydd;
aelodau eglwys, côr a'r Urdd,
yn fyrdd dewch gyda'ch gilydd.

O Gaerau hyd Gabalfa,
o'r Rhath, Llys-faen, Rhiwbina,
Pen-twyn, Pen-tyrch a Phen-y-lan,
Treganna, Sblot – dewch yma.

Dewch agos, dewch anghysbell,
perchennog plas neu babell;
dewch bawb, ymunwch yn y gad –
cawn adfeddiannu'r castell,

a'i lenwi'n grwn â seiniau
Cymreictod ar ei orau:
cewch wledd o gerdd a chân a hwyl
yn Nhafwyl, rhwng ei furiau.

ar Sul y Cofio 2016

i ddiolch i Aneirin Karadog am ei ddilyniant o gerddi a enillodd iddo Gadair Eisteddfod Genedlaethol Sir Fynwy a'r Cyffiniau 2016

Do, fe aeth ein gwŷr i Gatraeth
a syrthiodd rhai'n gelain ger Rhyd Forlas,
ym Mhengwern, ac ar feysydd bras hanes
yng Nghilmeri a Bosworth;
ac wedyn mewn ffosydd,
yn nwyon Passchendaele a baw'r Somme;
daeth eu diwedd yn nes
atom ym maith-foroedd Malvinas,
gwres diffaith Irac ...

Ac ymgochodd brain ar gyrff y canrifoedd
nes sugno'r mêr ohonynt,
a gwaedodd pabïau eu staen gorfodol
ar gotiau aneirif ...

Ie, cam eu gadaw heb gof, Aneirin,
y rhai na welsant eto eu tad,
llu'r rhai nad aethant yn fyw i'w treftadaeth
yn ôl, nes i'r hiraeth amdanynt –
'eu hedlid a'u hedgyllaeth' – droi'n fyth ...
o fath.

A cham hefyd anghofio
am y tadau anfoddog, diymadferth,
a phob mam a ffarweliodd
am byth â'i phlentyn
(mor dalog!);
y rhieni a dynghedwyd i wylio
y syrthio,

o'u co',
drosodd a thro,
dan gleddyf a gwn a bom;
tystio i'w marw diddiwedd
drosom (os nad yn ein henw, chwaith)
yng ngorymdaith y torchau,
yn rhengoedd y meini.

Yn hedd brau Sul y Cofio,
cofiwn hefyd am 'rheini.

cadair

i gyfarch Alan Llwyd ar ei gamp yn ennill
Cadair Eisteddfod Genedlaethol Llŷn ac Eifionydd 2023

Pan ganodd Williams Parry
　ei folawd i'r Lôn Goed,
go brin iddo ddychmygu
　y deuai neb erioed
i lunio o'i llonyddwch hardd
'fath gadair gymwys i'r fath fardd.

I dderwen a ddisgynnodd
　mewn storm o wynt a glaw
ym meddwl saer datblygodd
　cydblethiad crefft a llaw,
a thrawsnewidiwyd bonyn hen
yn gampwaith celf i geimiad llên.

I 'olwg hagrwch Cynnydd'
　mae'r coedyn wedi dod,
ffarweliodd ag Eifionydd
　er denu mwy o glod:
yn gadair bardd y Llanw a'r Trai 'r
enillodd le – yn un o'i dair!

Yn anwes tyn ei chylchau,
　cei, Alan, eiste'n hir
a gweld yn ei llinellau
　nodd d'awen fythol ir.
Derbynia ein cyfarchion llon
i ti ar ganol llonydd hon.

© Iolo Penri, *Cadair Eisteddfod Genedlaethol Llŷn ac Eifionydd*

cyfnewidfa

i groesawu Eisteddfod Genedlaethol 2018 i Gaerdydd

Ar lannau Taf, i'r Gyfnewidfa Lo,
   fe dyrrai dynion busnes dirifedi
i brynu diemwntau du y fro
   i yrru peiriant ager llong a ffatri.
Ac yno, meddant – os yw'r stori'n wir –
   yr ysgrifennwyd gyntaf siec werth miliwn,
a'r cyffro'n werth ei weld, a'r sôn yn hir
   fod yma, yng Nghaerdydd, y ffasiwn ffortiwn!

Mewn 'cyfnewidfa' arall yn y Bae
   gosodwyd nod o godi miliwn eto –
nid punnoedd, ond siaradwyr y Gymraeg
   yn gyfoeth gloyw'n gwlad heb 'run pris arno.

Camp maes agored prifwyl y brifddinas
fydd cynnu torf yn Gymry newydd eirias.

rhuad y ddraig: cân

Gyrrwn ar gyrn ac ar bibau,
cyhoeddwn ar symbal a drwm:
rhuo mae'r ddraig o hyd yn Gymraeg
dros Gymru, ar fynydd, mewn cwm.

Pan giliodd llu Rhufain o'n glannau
gadawson nhw ddraig yn ein tir,
ac fe ddysgon ni honno i ruo
yn Gymraeg ar bob gelyn yn glir.
Os gwthiwyd ni'n gas o'n brastiroedd
i 'gilcyn o ddaear' fel hon,
daw dydd cwyd ein draig goch i drechu
draig wen ein gormeswyr o'r bron!

> *Gyrrwn ar gyrn ac ar bibau,*
> *cyhoeddwn â chân ac â llef:*
> *rhuo mae'r ddraig o hyd yn Gymraeg*
> *mewn dinas a phentref a thref.*

Ar ôl lladd ein Llew yng Nghilmeri,
a 'syrthio holl Gymry i'r llawr',
daeth draig aur Glyndŵr i gyhwfan
dros Gymru a'n gobaith oedd fawr.
Dilynodd y ddraig Harri Tudur
i Bosworth a Llundain – a byw;
ac er llesgáu'i llais trwy'r Ddeddf Uno,
adfywiodd yn seiniau Gair Duw.

> *Gyrrwn ar gyrn ac ar bibau,*
> *cyhoeddwn o fynydd i fôr:*
> *rhuo mae'r ddraig o hyd yn Gymraeg*
> *mewn eglwys a chapel a chôr.*

Bu'r ddraig yng nghanu'r Diwygiad,
mewn cyngerdd bu'n danllyd a llon,
a methodd yr hen Lyfrau Gleision
gau eu cloriau angheuol ar hon.
Do, rhuodd ein draig trwy'r canrifoedd,
er gwaethaf pob bygwth a brad,
a'n hiaith fydd yn mynnu goroesi
tra tramwya hithau trwy'n gwlad.

> *Gyrrwn ar gyrn ac ar bibau,*
> *cyhoeddwn tra bo ynom chwyth:*
> *rhuo mae'r ddraig o hyd yn Gymraeg –*
> *a bydded hi felly am byth!*

CODA
Mae tafod y ddraig i ni'n drysor,
yn addurn 'mhlith ieithoedd y byd;
dewch, dathlwn dreftadaeth mor werthfawr
â bloedd: 'rŷn ni yma o hyd!'

> *Gyrrwn ar gyrn ac ar bibau,*
> *cyhoeddwn tra bo ynom chwyth:*
> *rhuo'n uchel mae'r ddraig o hyd yn Gymraeg –*
> *a bydded hi felly am byth!*

Nadolig a'r Calan

Nadolig go-iawn

Eleni cawsom 'Dolig math gwahanol –
  hen ffasiwn, traddodiadol, 'oes a fu'.
(Dechreuais arni'n syth ar ôl 'r Eisteddfod
  er gwirio'n gwylie amgen, dull mam-gu.)
Mae'r goeden ffug yn dal o dan y bondo:
  eleni prynais sbriwsen Norwy hardd.
Tinsel? Peli gwydr? Goleuadau? Na! –
  canhwyllau, dail ac aeron coch o'r ardd.
Gadewais gacen 'Dolig Marks, a'r pwdin,
  gyda'r twrci yn y siop, ac yn eu lle
es ati'n frwd i bobi ac i ferwi,
  a phlycio gŵydd – heb ordro dim o'r we!

Do, eleni cawsom 'Dolig gwir *authentic* ...
Piti imi adael Iesu'n ddoli blastig.

pacio: 2020

wrth ymateb i apêl flynyddol yr elusen Samaritan's Purse

Ni fynnwn fynd ffordd arall heibio eleni,
er gwaethaf cyfyngiadau'r Clo;
hawdd cael hyd i roddion addas,
mân drugareddau i lenwi llygaid
plentyn na chaf i daro arnat byth
ar heol; na gwybod dim amdanat
ond enw'r wlad lle rwyt ti'n byw.

Tipyn o gêm i mi, wir, oedd gwthio
i focs sgidiau dedi-bêr a phêl, clips gwallt,
brwsh dannedd a phecyn o ffelt tips;
a dyma sgarff a menig i'th warchod
rhag ergydion caletaf y gaeaf
a ddychmygaf i ti o ben-draw fy nigon:
cyfarchion yr ŵyl o'm Cymru gysurus!

Hawdd oedd gwneud hyn oll eto eleni
er gwaetha'r firws; ond dyma i mi'r her:
tywallt i'th archollion y manion bethau hyn
yn fwythau gwin ac olew gwir dosturi;
a dysgu'r tedi bach i rwnian yn glir
o fonion ei flew, fel y deallwn ni'n dwy
ein bod ni – rywsut – yn gymdogion.

ar ddiwedd 2020 …

Oera marwor ugain-ugain ar aelwydydd,
aeth Nadolig arall heibio yn ei dro;
parsel heb ei agor ydi'r flwyddyn newydd.

Cadw pellter, colli swyddi, prinder bwydydd –
hir y cofiwn gyfyngiadau'r Cyfnod Clo:
oera marwor ugain-ugain ar aelwydydd.

Blino'n syllu'n gyson ar yr un hen walydd,
cyfarfodydd Zoom yn gyrru pawb o'u co';
parsel heb ei agor ydi'r flwyddyn newydd.

Gwylio'r graffau'n codi'n sydyn, uwch-uwch beunydd,
gormod yn annhymig-orwedd yn y gro:
oera marwor ugain-ugain ar aelwydydd.

Ond gyda'r Calan daw gobaith gweld yr hafddydd,
buddugoliaeth brechlyn, gyrru'r haint ar ffo:
parsel heb ei agor ydi'r flwyddyn newydd.

Ac yna'r gwres! Fe gawn brofi hen lawenydd
dod ynghyd, un teulu eto dan un to.
Oera marwor ugain-ugain ar aelwydydd,
ac anrheg heb ei hagor yw pob blwyddyn newydd.

dauwynebog

cerdd ar gyfer dydd Calan

Saif pedlar blwyddyn arall ar y rhiniog
gan guro'n daer am gael dod mewn i'n tai:
agorwn ddrws fel Ianws dauwynebog.

Dan becyn o brofiadau mae e'n llwythog,
gŵyl, gras a gofid yw ei ddeunydd crai:
saif pedlar blwyddyn arall ar y rhiniog.

O'n blaen, fe daena ambell ddiwrnod heulog;
daw stormydd garw o'i bwn i guro rhai:
agorwn ddrws fel Ianws dauwynebog.

O'i sach, tyn Ionawr a'i bibonwy miniog,
a'u dilyn, chwap, gan awel mwynder Mai:
saif pedlar blwyddyn arall ar y rhiniog.

Mae yn ei boced wg cymylau cuchiog
ond dan ei het mae awyr las ddi-fai:
agorwn ddrws fel Ianws dauwynebog.

Trown lygaid llynedd dros ei nwyddau oriog,
rhaid prynu lles y llanw, broc y trai;
saif pedlar blwyddyn arall ar y rhiniog –
agorwn ddrws fel Ianws dauwynebog.

© Iestyn Hughes, *Drws Soar*

tyst

i ffresgo Giotto di Bondone, 'Addoliad y Doethion' (1305),
yng Nghapel Scrovegni, Padova, yr Eidal

'y mae llygaid iddynt, ac ni welant': Jeremeia 5:21

'Os oeddet ti yno, wel, disgrifia i mi
bopeth a welaist: y cwt o ystabal, y fframyn o dŷ
pren dan gysgod bryn tywyll, pen-onglog.
A welaist ti'r boi ar y dde – 'run adeiniog?
Mae'n siŵr iti weld bod y tad bron â chysgu,
a'r pryder yn llygaid y fam oedd yn syllu
ar ddieithriaid o bant a gyrhaeddodd yn sydyn
mor hwyr yn y nos ag anrhegion i'w phlentyn?
A welaist ti'r seren yn hedeg trwy'r nefoedd
fel pelen o dân? Beth am yr eurgylchoedd
o lewyrch o gwmpas eu pennau, bob un?
Os oeddet wir yno, wel gwiria di'r llun.'

'Ar fy llw, ro'n i yno – ond hyn sydd yn syndod:
ni sylwais ar ddim ond blew gwyn y camelod.'

Giotto di Bondone, *The Adoration of the Magi* © Album / Llun Stoc Alamy

carol y Ffordd

Mae'r ffordd draw i Fethlem yn hir ac yn droellog,
    mae'n arw dan draed a'r goleuni'n gwanhau;
dim gorffwys i'w gael i forwyn sy'n feichiog,
    dim croeso, dim cysur, ond stabal i'r ddau.

Mae'r ffordd lawr o'r mynydd yn arw a llithrig
    i lygaid a ddallwyd gan angel o'r nef;
a'u pennau yn llawn o'r fath newydd pwysig,
    prysura'r bugeiliaid tua Bethlehem dref.

Mae'r ffordd draw o'r dwyrain yn bell a llawn peryg;
    mae'r camelod yn flin, ond mae'r Seren yn glir
i dywys y doethion at Un heb ei debyg,
    sy'n deilwng o'u rhoddion o aur, thus a myrr.

Mae'n ffordd ni at Iesu yn ddirwystr bellach,
    fel canol dydd golau mae Gair Duw mewn cnawd;
mab Mair, Oen di-nam, y Brenin o linach,
    sy'n Arglwydd i'n cadw, i'n caru, yn Frawd.

© Dafydd Wyn (Serydda), *Teulu'n Serydda ym Mynyddoedd Cambria*

carol y Saer a'r Pren

'Sut grud wnaf i Iesu?'
medd Joseff, wrth syllu;
'Pa bren sydd yn gweddu
Gwaredwr?

'Ai gwely o gedrwydd,
un addas i Arglwydd
sy'n deml o sancteiddrwydd
a Brenin?

'Neu grud o goed goffer,
siâp Arch, wnaf ar fyrder
i Faban â chryfder
Achubydd?

'Gwnâi bonion olewydd
got clyd Un fydd beunydd
yn olau dihysbydd;
Meseia.

'Neu beth am goed helyg
i Fab Dyn gaiff dremyg
a dolur a dirmyg
Gwas gofid?

'Sut grud wnaf i Iesu?'
medd eto, dan synnu;
'Pa bren sydd yn gweddu
Gwaredwr?'

    Medd Mair, mam y Bachgen,
    'Rho heibio bob 'styllen,
    pob trawst a phob hoelen,
    nes daw dydd eu hangen
    ar Saer y ffurfafen
    i godi ei groesbren
    ei Hunan.

    'O blith prennau'r hollfyd
    dim ond Pren y Bywyd
    sy'n gweddu f'Anwylyd,
    fy Iesu.'

carol y gwahoddiad

Dewch fugeiliaid, dewch o'r mynydd,
    plygwch lin, plygwch lin,
syllwch ar y Baban newydd
anwyd heddiw yn Achubydd,
    plygwch lin.

Dewch o'r dwyrain, chwithau'r doethion,
    plygwch lin, plygwch lin,
rhowch i'r Bachgen eich anrhegion;
fe gewch ganddo fil fendithion,
    plygwch lin.

Dewch blant bychain, dewch i wrando,
    plygwch lin, plygwch lin,
dewch yn gylch wrth draed yr Athro;
gwersi ffydd a gras sydd ganddo,
    plygwch lin.

Gyda'r milwyr, dewch i'r lladdfa,
    plygwch lin, plygwch lin,
gwelwch aberth pen Calfaria –
gwir Fab Duw sy'n marw yma,
    plygwch lin.

Gyda'r gwragedd, dewch i'r beddrod,
    plygwch lin, plygwch lin,
gwelwch, trwy y gwyll, ryfeddod:
cododd Crist, gorchfygodd bechod,
    plygwch lin.

Dewch at Iesu am faddeuant,
   plygwch lin, plygwch lin.
Dewch, addolwch a rhoi moliant;
i'r Meseia mewn gogoniant,
   plygwch lin.

   Dof, addolaf a rhoi moliant;
   i'r Meseia mewn gogoniant,
      plygaf lin.

© Iestyn Hughes, *Dolig Caerfyrddin*

nodiadau ar y cerddi

chwilio

Hwn oedd y dilyniant buddugol yng nghystadleuaeth y Gadair, Eisteddfod Gadeiriol Caerdydd, 26 Ionawr 2024. Cyplysir fy wyres, Moli, a'm mam yn fy meddwl am i'r naill gael ei geni ond ychydig cyn marw'r llall. Bu farw fy mam o ddementia ym mis Ebrill 2020.

ffenest

Hwn oedd y dilyniant buddugol yng nghystadleuaeth y Gadair, Eisteddfod Gadeiriol Caerdydd, 23 Ionawr 2021. Mae cerflun diweddar (1950au) o'r Forwyn Fair yn dal Iesu yn ei breichiau ar ben mynydd Pen-rhys, a'r ffynnon y bu pererindota brwd ati yn yr Oesoedd Canol ar y llechwedd islaw, ar ochr Rhondda Fawr.

n'ad fi'n ango'

Fe'i cyhoeddwyd yn *Inc yr Awen a'r Cread: Cerddi Byd Natur*, gol. Rhys Dafis (Cyhoeddiadau Barddas, 2022), t. 64. Gweler hefyd fy ysgrif, 'Henaint, dementia – a thor-calon' yn *Na ad fi'n angof: Byw â Dementia*, gol. Prydwen Elfed-Owens (Caernarfon, 2020), tt. 45–9.

gweddi: i Steffan (ac er cof serchus am Mr Llew)

Iesu yw'r Llew mawr y cyfeirir ato yn niwedd y gerdd. Defnyddir y Llew yn symbol am Iesu yn aml yn y Beibl ac mewn llenyddiaeth Gristnogol, i ddynodi ei bŵer a'i nerth; gweler, er enghraifft, Datguddiad 5:5. Delwedd am Iesu yw'r llew, Aslan, yng nghyfres nofelau C. S. Lewis, 'The Chronicles of Narnia', lle y dywedir amdano nad llew dof mohono, ond ei fod yn dda. Yn Barnwyr 14:8–9 mae Samson yn bwyta mêl a ganfu yng nghorff llew marw.

dracoraptor: Steffasawrws

Darganfuwyd ffosiliau math 'newydd' o ddeinosor pluog yn Larnog ger Penarth ym mis Mawrth 2014, a'i enwi'n *dracoraptor hanigani* yn 2016. Cyfeiria'r elfen *draco*– at y ddraig goch, gan iddo gael ei ddarganfod yng Nghymru, a Hanigan yw cyfenw'r ddau frawd a ddaeth o hyd iddo. Tua'r un adeg yn 2016 syrthiodd Steffan, fy ŵyr ieuengaf, mewn cariad â deinosoriaid, a gallai ruo gyda'r gorau – er nad oedd yn cynhyrchu fawr ddim iaith ffurfiol ar y pryd.

o ffwrnais awen

Casgliad rhyfeddol o blanhigion gwydr a grëwyd at ddibenion addysgu ac sy'n cael eu harddangos yn Amgueddfa Astudiaethau Natur Prifysgol Harvard yn Cambridge, Massachusetts, sydd dan sylw yn y ddau bennill cyntaf, a rhai o'r rhywogaethau prin sy'n tyfu yng Nghymru a enwir yn y pennill olaf. Cyhoeddwyd y gerdd hon yn *Y Cylchgrawn Efengylaidd* (Haf 2017), t. 24, ac wedyn yn *Mam: Cerddi gan Famau, Cerddi am Famau*, gol. Mari George (Cyhoeddiadau Barddas, 2019), tt. 58–9.

stydi

Roedd stydi ein mab ieuengaf yng Ngholeg y Drindod, Rhydychen, yn f'atgoffa o lun Antonello da Messina o Sant Sierôm – peth addas iawn gan mai Patristeg oedd dewis faes ymchwil Owain. Symuda'r gerdd yn ôl ac ymlaen rhwng ein presennol yn Rhydychen (colomennod ar y silff ffenest, prysurdeb Broad Street islaw, siop lyfrau enwog Blackwell's, y groes ar ganol yr heol sy'n nodi lle y llosgwyd tri Phrotestant wrth y stanc yn 1555 ac 1556) a manylion yn y llun (yr adar symbolaidd, yr amaethwr, y ddau rwyfwr a hefyd y llew yng nghysgod y coridor ar yr ochr dde). Ar arwyddocâd delwedd y llew, gweler nodyn 'gweddi: i Steffan (ac er cof serchus am Mr Llew)' uchod.

gwaddol

Byddai glöwr ar ddechrau ei shifft yn cyfnewid ('trwco') ei docyn lamp am lamp ac arni'r un rhif â'r tocyn, a rhoddid y tocyn wedyn ar 'fwrdd tocynnau'. Ar ddiwedd y shifft byddai'r glöwr yn dychwelyd ei lamp ac yn derbyn ei docyn yn ôl. Pwrpas y drefn honno oedd gwybod pwy yn union oedd dan ddaear ar unrhyw adeg. Erbyn cyfnod fy nhad roedd yr hen lampau diogelwch ('lampau Defi' ar lafar, ar ôl eu dyfeisydd, Syr Humphry Davy) wedi cael eu disodli gan lampau batri ar helmau'r glowyr, ond defnyddid yr hen lampau diogelwch o hyd er mwyn synhwyro presenoldeb nwy.

stryd

Hon oedd y gerdd fuddugol yng nghystadleuaeth y gerdd rydd, Eisteddfod Gadeiriol Caerdydd, 26 Ionawr 2024. Cefais fy magu ar aelwyd ddi-Gymraeg yn Primrose Street, Tonypandy. Yr adeg honno roeddwn yn gwbl anymwybodol o'r enwogion gwahanol a fu'n byw am gyfnod yn y stryd nesaf, sef Kenry Street. Er mai yng ngogledd Cymru y gosododd Kate Roberts y rhan fwyaf o'i gwaith, mae ganddi straeon hefyd am gymoedd glofaol y De. Mae rhan o gerdd ysgubol Kitchener Davies 'Sŵn y Gwynt sy'n Chwythu' yn disgrifio effeithiau egr y Dirwasgiad ar bobl gyffredin Cwm Rhondda.

'nôl i'r cwm

Geiriau yw'r rhain a gydgomisiynwyd ag alaw gan Delwyn Siôn i'w canu mewn rhaglen yng nghyfres BBC Radio Cymru, *Yma Wyf Finnau i Fod*, ac a ddarlledwyd am y tro cyntaf 12 Medi 2013. Gwnaed trefniant (SATB) gan Alun Guy i'w ganu gan Gôr Philharmonig Caerdydd mewn cyngerdd a gynhaliwyd yng Nghaerdydd, 29 Tachwedd 2014, a cheir trefniant arall (SA) gan Osian Llŷr Rowlands a ganwyd mewn cystadleuaeth yn Eisteddfod Genedlaethol yr Urdd, Caerffili 2015. Cyfeiria'r ail bennill at y gerdd swynol-drist, 'Coed Glyn Cynon', ymateb brodor o'r cwm i dorri'r coedwigoedd lleol i fwydo ffwrneisi blast y meistri haearn Seisnig tua diwedd yr unfed ganrif ar bymtheg. Tanchwa Senghennydd (14 Hydref 1913) a'r iawndal truenus o isel a dalwyd i'r rhai a gollodd anwyliaid ynddi yw pwnc y trydydd pennill, a chyfeiria'r pennill olaf at Drychineb Aber-fan (21 Hydref 1966) a'r rhesi gwyn o gerrig bedd ym mynwent y pentref, lle y claddwyd y rhan fwyaf o'r 144 a laddwyd.

anthem

Cerdd gomisiwn yw hon ar gyfer *Gwlad Gwlad!*, gwaith cerddorol gan Eilir Owen Griffiths a berfformiwyd yn y Pafiliwn ar ddiwedd Eisteddfod Rhondda Cynon Taf, 10 Awst 2024 – roedd geiriau hefyd gan Aneirin Karadog, Delwyn Siôn a Mari George.

yn Eglwys Llanilltud Fawr

Ymhlith trysorau canoloesol Eglwys Llanilltud Fawr y mae murlun mawr o Sant Cristoffer, nawddsant teithwyr, gyferbyn â'r prif borth fel y'i gwelid gan bawb wrth ddod i mewn. Mae'r sant yn droednoeth, ac yn cario Crist ar ei ysgwydd wrth groesi afon. Yn ôl y gred, byddai cael cip ar Sant Cristoffer yn gwarchod person rhag marw y diwrnod hwnnw. Cyhoeddwyd y gerdd hon yn *Cerddi'r Arfordir*, gol. Mari George (Cyhoeddiadau Barddas, 2024), tt. 20–1.

blodau'r haul

Roedd Vincent van Gogh yn dioddef o bylau o iselder. Lliw hapusrwydd oedd melyn i'w feddwl ef, a gwnaeth sawl fersiwn gwahanol o'i lun eiconig o flodau'r haul wrth iddo ymbaratoi i groesawu ei gyfaill o gyd-artist, Paul Gauguin, i'w dŷ yn Arles yn 1888.

cwrdd gweddi Zoom

Lluniwyd hon yn ystod y Cyfnod Clo a orfodwyd arnom ni i gyd gan firws Covid-19, a bywyd cymdeithasol o bob math wedi symud ar-lein – gan gynnwys bywyd eglwysig. Fe'i darllenwyd yn rhan o weithgarwch 'Bardd y Mis' BBC Radio Cymru ar raglen John Roberts, *Bwrw Golwg*, 6 Rhagfyr 2020. Yn ôl un traddodiad, roedd Siân Owen, Tynyfawnog, ym mlaendir llun gwreiddiol Curnow Vosper, 'Salem', wedi cyrraedd y cwrdd yn fwriadol hwyr, i bawb gael sylwi ar ei siôl grand.

siopa yn y Normal Newydd

Yn ystod y Cyfnod Clo cyntaf, aeth blawd – ynghyd ag amryw nwyddau eraill – yn brin. Lluniwyd y gerdd hon ar wahoddiad Trefnydd Eisteddfod AmGen 2020, a'i chyhoeddi yn *Cyfansoddiadau Eisteddfod AmGen 2020* (Eisteddfod AmGen a Gwasg Carreg Gwalch, 2020), t. 37.

p

Diffiniad yr *Urban Dictionary* o 'pee body' yw 'one who wets the bed and marinates in it and goes for days without bathing'.

cyfrinach

Mae'r llun dan sylw yn Amgueddfa Gelf Nelson-Atkins yn Ninas Kansas. Am y manylion, a llun agos o'r sioncyn y gwair, gweler <https://nelson-atkins.org/grasshopper-found-embedded-van-gogh-masterpiece/> Yn ôl yr hanes a gadwyd yn yr Efengylau, y noson cyn i Grist gael ei restio a'i groeshoelio, bu'n gweddïo'n ingol yng ngardd Gethsemane ar Fynydd yr Olewydd, y tu allan i Jerwsalem. Ystyr 'Gethsemane' yw gwasg olew (*oil-press*).

llun darogan

Hwyliodd Catherine Davies, ei gŵr Robert, ynghyd â'u tri mab ifanc, ar y *Mimosa* gyda'r fintai gyntaf o Gymry i fynd i Batagonia yn 1865. Tynnwyd y llun hwn *c*. 1865, cyn iddynt ymadael. Roedd John, y plentyn ieuengaf, yn dioddef o gyflwr a'i rhwystrai rhag dal ei ben i fyny'n iawn. Bu farw yn ystod y daith, wrth groesi'r Cyhydedd, a'i gladdu yn y môr.

tri bedd Catherine

Bu farw plentyn ieuengaf Catherine, John, yn ystod y daith i Batagonia; gweler y nodyn ar 'llun darogan'. Catherine ei hunan oedd yr oedolyn cyntaf o blith y Cymry i farw ym Mhatagonia, a hynny o fewn rhyw dair wythnos wedi i'r fintai lanio yno, mewn man a adwaenir bellach fel Punta Cuevas, penrhyn bach nid nepell o dref bresennol Porth Madryn. Fe'i claddwyd yno, ond dros y blynyddoedd anghofiwyd union leoliad ei bedd. Pan ddigwyddodd i adeiladwyr daro ar weddillion dynol yng nghyffiniau Punta Cuevas yn 1995, tybiwyd mai gweddillion Catherine oeddent, a llwyddwyd i brofi hynny y tu hwnt i bob amheuaeth yn 2015 trwy ddadansoddiad DNA. Claddwyd ei gweddillion eto ar 20 Awst 2015, 150 mlynedd i'r diwrnod ar ôl iddi farw, a chofnodir ei henw ar y garreg fedd newydd yn y dull Archentaidd, sef Catherine Roberts de Davies.

Mimosa – 1

Y bwriad gwreiddiol oedd i'r fintai gyntaf deithio o Lerpwl i Batagonia ar fwrdd yr *Halton Castle*, ond gan fod y llong honno'n hwyr iawn yn dychwelyd o daith flaenorol, aethpwyd ati ar frys mawr i addasu'r cliper te, *Mimosa*, ar gyfer y teithwyr.

Mimosa – 3

Gellid dadlau bod y Cymry wedi cael eu camarwain i ryw raddau ynghylch natur tir Patagonia. Er ei bod yn wir bod rhai ardaloedd ffrwythlon iawn yn yr Ariannin, lle y tyfai orenau ymhlith amryw o ffrwythau a chnydau eraill, pur wahanol oedd y tir anial lle y glaniodd y fintai gyntaf ym mis Gorffennaf 1865.

gobaith

Dyma'r gerdd fuddugol yn y gystadleuaeth ysgrifennu cerdd Gymraeg yn eisteddfod Gŵyl Cymru Gogledd America, a gynhaliwyd ar-lein ym mis Medi 2020. Bûm i fy hunan ym Mhatagonia yn 2015, 150 o flynyddoedd ar ôl i'r fintai gyntaf lanio.

adfail

Mae dros ddeugain o adeiladau gwreiddiol o wahanol gyfnodau hanesyddol yng Nghymru wedi eu hailgodi yn amgueddfa Sain Ffagan. Datgymalwyd pob un yn ofalus yn ei dro, gan rifo'r darnau fel y gellid ailgodi'r adeilad yn union fel yr oedd yn ei safle gwreiddiol.

yr aelwyd hon

Yn ôl hen draddodiad, y mae cynnau tân ar ddarn o dir yn arwydd o berchnogaeth, ac ystyrir cadw fflam ynghyn ar aelwyd yn fater o bwys. Yn wahanol i'r rhan fwyaf o'r adeiladau yn Sain Ffagan, sydd wedi eu symud yno fesul carreg a thrawst o'u safleoedd gwreiddiol, adluniadau yw tai crwn Bryn Eryr (ar sail gwaith cloddio gan Ymddiriedolaeth Archaeolegol Gwynedd rhwng 1985 ac 1987). Mae teitl y gerdd yn adleisio llinell agoriadol cyfres o englynion a adwaenir fel 'Diffaith Aelwyd Rheged' yng Nghanu Llywarch Hen, ac fe'i defnyddiwyd hefyd yn deitl cyfrol o ddiweddariadau o'r hengerdd a olygwyd gan Gwyn Thomas (Llandybïe, 1970).

litani ar gyfer Dygwyl Deilo, 9 Chwefror 1520 … a 2020

Wedi iddi gael ei symud garreg wrth garreg i Sain Ffagan, ailgodwyd Eglwys Llandeilo Tal-y-bont a'i hadlunio fel y byddai wedi edrych *c*. 1520, yn y cyfnod yn union cyn y Diwygiad Prostestannaidd, pryd y byddai'r ffurfwasanaeth Catholig wedi bod yn yr iaith Ladin. Trefnwyd castio cloch newydd ar gyfer yr eglwys ar gynllun canoloesol, a gosodwyd gweddi Ladin o amgylch ei choron, 'SANCTE TELIAUE ORA PRO NOBIS' (Sant Teilo, gweddïa drosom). Bu Dafydd William (1721?–94), awdur yr emyn adnabyddus, 'Yn y dyfroedd mawr a'r tonnau …', yn byw yn ymyl Eglwys Llandeilo Tal-y-bont pan oedd hi ar ei safle gwreiddiol ar y morfa ger Pontarddulais, a thrwy ryw gyd-ddigwyddiad rhyfedd fe'i claddwyd ym mynwent Croes-y-parc, nid nepell o Sain Ffagan. Mae'r gerdd wedi ei gosod fel petai mewn llyfr gweddi, gyda deisyfiadau'r offeiriad mewn teip rhufeinig, ac ymateb y bobl mewn teip italig.

lle i bob amcan dan y nefoedd

Yn draddodiadol, defnyddid mynwentydd eglwysi ar gyfer pob math o weithgareddau cymdeithasol. Dywedir bod mynwentydd hynafol yn grwn fel na fyddai gan y Diafol gorneli i guddio ynddynt. Mae'r teitl (a dull y gerdd) yn adleisio Llyfr y Pregethwr, pennod 3.

criafolen

Yn ôl hen goel gwlad, mae plannu criafolen ger tŷ yn gwarchod yr aelwyd rhag ysbrydion drwg. Dyna hefyd pam y paentiwyd ffermdy Kennixton yn goch yn wreiddiol, a dyna hefyd o bosibl arwyddocâd y ddau ffigwr a gerfiwyd yn ffrâm drws y ffermdy. Nid ar ofergoelion o'r fath y mae Eleri a Jon wedi seilio eu bywyd, fodd bynnag, ond ar addewidion cadarn y Beibl, a'u haddunedau priodasol.

cymen

Daeth Ysgol Maestir i Sain Ffagan o gefn gwlad Ceredigion. Fe'i codwyd yno yn 1880 a Saesneg oedd cyfrwng yr addysg, er mai Cymry uniaith, i bob pwrpas, oedd y rhan fwyaf o'r disgyblion. Craidd y cwricwlwm oedd y tair 'R' – Reading, 'Riting a 'Rithmetic.

(sg)rap

Wrth i archeolegwyr archwilio'r crannog (ynys artiffisial) yn Llyn Syfaddan (Llan-gors) ym Mannau Brycheiniog, darganfuwyd gweddillion dilledyn lliain ac arno frodwaith sidan yn darlunio adar a llewod. Dywed yr *Anglo-Saxon Chronicle* yn ei gofnod am y flwyddyn 916 fod Æthelflæd, brenhines Mersia, wedi dinistrio Brecenanmere (yr enw Saesneg ar Lyn Syfaddan) a chipio brenhines Brycheiniog. Mae'r dernyn gweolyn (*textile*) bellach ynghadw yn Sain Ffagan; gweler <https://amgueddfa.cymru/erthyglau/1344/Gweolyn-Llan-gors-campwaith-canoloesol-cynnar/>

baled Ynys Llanddwyn

Lluniwyd y gerdd hon yn rhan o weithgarwch 'Bardd y Mis' BBC Radio Cymru, a'i darlledu ar raglen Hywel Gwynfryn, 25 Ionawr 2015. Fe'i cyhoeddwyd wedyn yn *Yr Awen Drwy'r Storïau: Cerddi'n Seiliedig ar Chwedlau*, gol. Mari George (Cyhoeddiadau Barddas, 2020), tt. 76–7.

pacio; comisiwn; dau dŷ ar lannau Tawe

Uchelwr a chanddo blasty yn Ynysforgan, ar lannau afon Tawe, oedd Hopcyn ap Tomas (*c.* 1330 – wedi 1403). Roedd yn noddwr beirdd a chasglwr llawysgrifau. Rywbryd ar ôl 1382, ymddengys iddo gomisiynu Hywel Fychan, copïydd llawysgrifau profiadol, ynghyd ag ambell ysgrifydd arall, i gopïo ar ei gyfer amrywiaeth eang o destunau hanesyddol, llenyddol (gan gynnwys cerddi'r Gogynfeirdd a chwedlau'r Mabinogion), gramadegau a diarhebion, a thrwy hynny greu'r llawysgrif ganoloesol Gymraeg bwysig ac uchelgeisiol honno, Llyfr Coch Hergest (sydd ynghadw bellach yng Ngholeg Iesu, Rhydychen). Awgrymwyd ei bod yn bosibl bod Hopcyn yn ymwybodol o'r tensiynau a gyniweiriai yn y wlad ar y pryd (ac a fyddai'n cyrraedd eu hanterth yn Rhyfel Glyndŵr), a'i fod yn awyddus i ddiogelu ar gyfer y dyfodol gymaint ag y gallai o'r cyfoeth diwylliannol yr oedd ef ei hun yn ei brisio mor uchel. Y mae'r tair cerdd sy'n dilyn ei gilydd yn y gyfrol hon yn lled-ddyfynnu mewn mannau rai o'r cerddi mawl i Hopcyn a gadwyd yn y Llyfr Coch.

mangoed

Roeddwn yn (hen) Ysgol Dafydd Llwyd yn y Drenewydd ar gyfer Seremoni Cyhoeddi Eisteddfod Genedlaethol Maldwyn a'r Gororau, 5 Gorffennaf 2014. Dangosodd Penri Roberts, prifathro cyntaf yr ysgol a Chofiadur yr Orsedd ar y pryd, imi safle'r domen ger yr ysgol lle safai llys Dafydd Llwyd, bardd ac uchelwr o'r bymthegfed ganrif. Mewn cerdd fawl iddo, mae Guto'r Glyn yn cyffelybu Dafydd i goeden sy'n ddeunydd tŷ cerdd (a'r beirdd hwythau'n seiri). Mae Ysgol Dafydd Llwyd yn goeden arall sy'n tyfu ac yn datblygu'n llu o fangoed ir wrth iddi feithrin siaradwyr Cymraeg ifainc. Mae galw'r ysgol yn 'dderwen' yn symbol ar gyfer tyfu a gwarchod y Gymraeg yn agos at y ffin â Lloegr, ac yn ddelwedd sy'n berthnasol i waith yr ysgolion Cymraeg yn gyffredinol. Lluniwyd y gerdd hon yn rhan o weithgarwch 'Bardd y Mis' BBC Radio Cymru, a'i darlledu ar raglen Dylan Jones, 23 Ionawr 2015. Mae'r gerdd bellach wedi ei gosod ar banel yn adeilad yr ysgol newydd.

Tafwyl

Gŵyl flynyddol Gymraeg a gynhelir yng nghanol Caerdydd, ac sy'n cyrraedd ei huchafbwynt mewn Ffair awyr-agored yw Tafwyl. O'i chychwyniadau bach o flaen tafarn y Mochyn Du, tyfodd bellach yn ŵyl boblogaidd sy'n denu miloedd lawer, a'i chynnal fel arfer ym Mharc Bute neu o fewn muriau'r Castell. Comisiynwyd y gerdd hon i'w darllen yn y Castell yn rhan o seremoni agoriadol Tafwyl 2015.

ar Sul y Cofio 2016

Enillodd Aneirin Karadog, dan y ffugenw 'Tad Diymadferth?', Gadair Eisteddfod Genedlaethol Sir Fynwy a'r Cyffiniau 2016 am ddilyniant o gerddi'n ymdrin ag effaith rhyfel. Darllenwyd y gerdd hon mewn digwyddiad i ddathlu camp Aneirin a gynhaliwyd yn Nhŷ'r Gwrhyd, Pontardawe, 21 Tachwedd 2016.

cadair

Darllenwyd y gerdd hon mewn noson i ddathlu camp Alan, a drefnwyd gan Academi Hywel Teifi, Prifysgol Abertawe, a'i chynnal yng Nghanolfan Calon Lân, Tirdeunaw, Abertawe, 17 Hydref 2023.

rhuad y ddraig: cân

Cyfansoddwyd hon i ddathlu pen-blwydd Côr Philharmonig Caerdydd yn 40 oed. Cyfansoddwyd alaw ar ei chyfer gan Eric Jones, ac fe'i canwyd i'w drefniant 4 llais (SATB) mewn cyngerdd a gynhaliodd y côr yn Eglwys Dewi Sant, Caerdydd, 11 Mai 2019, dan arweinyddiaeth Alun Guy. Cyhoeddwyd y gwaith gan Gyhoeddiadau Curiad (2024). Gweler www.curiad.co.uk

pacio: 2020

Mae Operation Christmas Child, sef apêl flynyddol yr elusen Samaritan's Purse, yn anfon anrhegion Nadolig mewn bocsys esgidiau at blant na chânt anrheg fel arall. Ceir hanes y Samaritan Trugarog yn Efengyl Luc 10:25–37. Lluniwyd y gerdd hon yn rhan o weithgarwch 'Bardd y Mis' BBC Radio Cymru, a'i darllen ar raglen *Dros Ginio*, 18 Rhagfyr 2020.

ar ddiwedd 2020 ...

Lluniwyd y gerdd hon ar gyfer BBC Cymru Fyw, yn rhan o weithgarwch 'Bardd y Mis' BBC Radio Cymru, a'i darlledu ar 31 Rhagfyr 2020. Fe'i cyhoeddwyd yn *Barddas*, rhif 348 (Gaeaf 2021), t. 28, ynghyd â'r nodyn hwn:

> Derbyniais wahoddiad reit benodol gan BBC Cymru Fyw, am gerdd i'w chyhoeddi ar eu gwefan ar ddiwedd y flwyddyn; un a fyddai'n edrych yn ôl ar 2020 ac yn edrych ymlaen at 2021. Geiriad y gwahoddiad hwnnw a awgrymodd ffurf y filenél i mi, gan fod y ffurf honno'n un sydd, yn ei hanfod, yn edrych yn ôl ac ymlaen bob yn ail wrth ailadrodd llinellau mewn patrwm penodol. Fe wêl giamsters mydryddol *Barddas* nad yw fy ngherdd yn dilyn rheolau'r filenél yn gwbl gaeth, fodd bynnag; manteisiais ar y goddefiad sy'n caniatáu amrywiad yng ngeiriad y llinell olaf, a chwbl fwriadol yw'r rhythm anesmwyth mewn ambell linell. Wedi'r cwbl, go brin i 2020 ddilyn y patrwm arferol, disgwyliedig i neb ohonom, a phwy a ŵyr beth fydd gan 2021 ar ein cyfer!
>
> Parsel heb ei agor yw pob blwyddyn newydd yn ei hanfod, ac rwy'n teimlo'n aml ei bod yn fendith na wyddom beth yn union sydd o'n blaen, neu mae'n bur bosibl y byddai rhai ohonom yn gwangalonni'n llwyr cyn dechrau! Ond a 2020 wedi bod yn flwyddyn mor dywyll, a llawer ohonom wedi colli cydnabod ac anwyliaid i Covid-19, heb sôn am yr holl gyfyngiadau ac amgylchiadau anodd eraill sydd wedi

dod ar ein traws, mae'r ffaith ein bod ni 'yma o hyd', wedi goroesi i weld dydd Calan arall, yn troi 'parsel' y flwyddyn newydd hon yn rhodd arbennig, yn anrheg i'w hagor – a'i mwynhau, gobeithio. Dyna'n sicr fy nymuniad ar gyfer holl ddarllenwyr *Barddas*. Blwyddyn Newydd Dda i chi i gyd.

Cynullwyd y gerdd i *Pigion Beirdd y Mis*, gol. Alaw Mai Edwards (Cyhoeddiadau Barddas, 2021), tt. 92–3.

dauwynebog

Duw dechreuadau a newidiadau oedd Ianws ym mhantheon yr hen Rufeiniaid, a chan hynny'n dduw drysau a gatiau ac agoriadau. Fe'i darlunnir yn aml a dau wyneb ganddo, y naill yn edrych tuag yn ôl a'r llall yn edrych tuag ymlaen. O'i enw ef, fe ddywedir, y daw enw mis Ionawr.

tyst

Un o nodweddion diddorol y llun y mae'r gerdd hon yn ymateb iddo yw bod Giotto wedi dehongli'r seren a arweiniodd y Doethion i Fethlehem fel Comed Halley, y mae'n bosibl iddo ef ei hun ei weld pan ymddangosodd yn 1301.

carol y Ffordd

Yn ôl un traddodiad, dechreuodd Mair a Joseff ar eu taith hir o Nasareth i Fethlehem ar 16 Rhagfyr, naw niwrnod cyn y Nadolig. Lluniwyd y gerdd hon yn rhan o weithgarwch 'Bardd y Mis' BBC Radio Cymru, a'i darlledu ar raglen Geraint Lloyd, 16 Rhagfyr 2020. Fe'i cyhoeddwyd wedyn yn *Cwmpawd* (cylchgrawn Eglwys Efengylaidd Gymraeg Caerdydd), rhif 85 (Gaeaf 2022), t. 3. Gosodwyd y geiriau i gerddoriaeth gan Aled Myrddin, a gellir gweld rhai o blant Aled yn canu'r garol yn y fan hon: <https://www.youtube.com/watch?v=abRuHoo5jFE>

carol y Saer a'r Pren

Comisiynwyd y gerdd hon gan Gwawr Owen ar gyfer rhaglen *Naw Llith a Charol* BBC Radio Cymru, a ddarlledwyd ddydd Nadolig 2020 â Nia Roberts yn ei darllen. Fe'i rhyddhawyd ymlaen llaw ar Galendr Adfent Radio Cymru ar 13 Rhagfyr 2020: <https://www.youtube.com/watch?v=mjWtkYxhvR8>

carol y gwahoddiad

Ceir trefniant gan Aled Myrddin.

cydnabyddiaethau: lluniau

Mae'r awdur a'r cyhoeddwr yn ddiolchgar iawn i'r canlynol am ganiatâd i atgynhyrchu'r delweddau yn y gyfrol hon, a hoffem bwysleisio mai'r arlunwyr a'r ffotograffwyr gwreiddiol yw perchnogion yr hawlfraint ar y gweithiau hynny.

t. 23   Lady of Penrhys 2011 © FreespiritLandscapes / Llun Stoc Alamy

t. 25   Forget-Me-Nots Blooming 2011 © blickwinkel / Llun Stoc Alamy

t. 27   Mr Llew 2014   © Aled Llywelyn

t. 28   Steffasawrws 2016 © Eleri Hedd James

t. 31   Casgliad Ware o Fodelau Gwydr Planhigion Blaschka, Planhigfa Prifysgol Harvard / Amgueddfa Hanes Naturiol Harvard © Llywydd a Chyfeillion Coleg Harvard

t. 37   Antonello da Messina, yn ei flodau 1456; bu farw 1479, Saint Jerome in his Study, tua 1475 © Yr Oriel Genedlaethol, Llundain

t. 46   Murlun Eglwys Llanilltud Fawr © Luned Whelan

t. 49   Cragen © Iestyn Hughes

t. 51   Vincent van Gogh, 1853–1890, Sunflowers, Prynwyd 1888, Cronfa Courtauld, 1924 © Yr Oriel Genedlaethol, Llundain

t. 52   Hywel Harries, Salem, 1975 © yr artist gyda chaniatâd caredig ei ymddiriedolwr

t. 55   Hywel Harries, Diwrnod Marchnad, 1976 © yr artist gyda chaniatâd caredig ei ymddiriedolwr

t. 57   Kiki Smith, Pee Body, Amgueddfeydd Celf Harvard / Amgueddfa Fogg, Rhodd gan Barbara Lee, Rhodd gan Emily Rauh Pulitzer a Phrynwyd yn rhannol o Gronfa Joseph A. Baird, Jr., Cronfa Goffa Francis H. Burr a Chronfa Caffaeliad y Cyfarwyddwr, © Kiki Smith, llun © Llywydd a Chyfeillion Coleg Harvard, 1997.82

t. 58   Vincent van Gogh, Isalmaenig (1853–1890). Olive Trees, Mehefin/Medi 1889. Olew ar ganfas, 28 ¾ x 36 ¼ o fodfeddi (73 x 92cm). Amgueddfa Gelf Nelson-Atkins, Dinas Kansas, Missouri. Prynwyd: Ymddiriedolaeth William Rockhill Nelson, 32-2. Llun gan Gynyrchiadau Digidol & Cadwraeth Nelson-Atkins, Gabe Hopkins.

t. 63	'Catherine Davies a'i phlant, a ymfudodd i Batagonia ar fwrdd y '"Mimosa"', *c*. 1865. Llyfr Ffoto 3003B; 0199901126/2 xmu00052 gyda diolch i Lyfrgell Genedlaethol Cymru
t. 64	Bedd Catherine © Eduardo Marinho
t. 71	Pengwiniaid Patagonia © Christine James
t. 77	Y Tai Crwn, Sain Ffagan © Amgueddfa Cymru
t. 83	Gwely Cwpwrdd Kennixton yn Ffermdy Kennixton, Sain Ffagan © Amgueddfa Cymru
t. 87	Y Griafolen y tu allan i Ffermdy Kennixton, Sain Ffagan © Amgueddfa Cymru
t. 89	British Empire Map, Johnston 1901 © Galeri Print Antiqua / Llun Stoc Alamy
t. 96	Ynys Llanddwyn © Iestyn Hughes
t. 101	Llyfr Coch Hergest, 1382–1425, Coleg yr Iesu MS. 111, llun 175r © Coleg yr Iesu, Rhydychen
t. 103	Afon Tawe © Iestyn Hughes
t. 109	Cadair Eisteddfod Genedlaethol Llŷn ac Eifionydd © Iolo Penri
t. 121	Drws Soar © Iestyn Hughes
t. 123	Giotto di Bondone, The Adoration of the Magi, Cappella degli Scrovegni, Padua © Album / Llun Stoc Alamy
t. 125	Teulu'n Serydda ym Mynyddoedd Cambria © Dafydd Wyn, Serydda
t. 129	Dolig Caerfyrddin © Iestyn Hughes